POUR L'ÉTERNITÉ

DU MÊME AUTEUR

CARDINAL ROBERT SARAH, AVEC NICOLAS DIAT
Dieu ou rien. Entretien sur la foi, Fayard, 2015 ; Pluriel, 2016.

La Force du silence. Contre la dictature du bruit, Fayard, 2016 ; Pluriel, 2017.

Le soir approche et déjà le jour baisse, Fayard, 2019 ; Pluriel 2020.

BENOÎT XVI ET CARDINAL ROBERT SARAH
Des profondeurs de nos cœurs, Fayard, 2020.

Cardinal Robert Sarah

Pour l'éternité

Méditations sur la figure du prêtre

Fayard
Choses vues

La collection *Choses vues*
est dirigée par Nicolas Diat

Couverture : Nuit de Chine

ISBN : 978-2-213-71986-3

Dépôt légal : novembre 2021.

À tous les séminaristes du monde entier

Introduction

« Je viens humblement »

Je viens humblement auprès de chacun, comme un frère, un ami, un père et un condisciple de Jésus-Christ. Je viens pour méditer avec vous sur ce don merveilleux qui nous a été fait : le sacerdoce. Jésus-Christ nous fait participer de façon inouïe et gratuite à son sacerdoce.

Dans l'Église, les jours d'ordination sacerdotales sont des jours de fête. Quelle joie de voir ces jeunes prêtres heureux de se donner au Seigneur ! Qui n'a jamais admiré la joie profonde qui marque le visage ridé et fatigué des prêtres anciens qui ont été fidèles pendant tant d'années ? Le ministère sacerdotal est source de joie parce qu'il consiste à donner la vie divine et à conduire les âmes vers le Ciel, vers la joie parfaite.

Pourtant, en nos temps, l'ombre de la nuit plane sur la vie des prêtres. Pas une semaine sans que vienne au jour une affaire d'abus sexuels ou de corruption.

Il nous faut regarder la vérité en face : le sacerdoce semble vaciller. Certains prêtres ressemblent à des matelots dont le navire serait violemment secoué par l'ouragan. Ils tournoient et titubent. Comment ne pas s'interroger à la lecture de certains récits d'abus sur des enfants ? Comment ne pas douter ? Le sacerdoce, son statut, sa mission, son autorité ont été mis au service du pire. Le sacerdoce a été instrumentalisé pour cacher, voiler et même justifier la profanation de l'innocence des enfants. L'autorité épiscopale a parfois été utilisée pour pervertir et même briser la générosité de ceux qui voulaient se consacrer à Dieu. La recherche de la gloire mondaine, du pouvoir, des honneurs, des plaisirs terrestres et de l'argent s'est infiltrée dans le cœur de prêtres, d'évêques et de cardinaux. Comment pouvons-nous supporter de tels faits sans trembler, sans pleurer, sans nous remettre en cause ?

Nous ne pouvons pas faire comme si tout cela n'était rien. Comme si tout cela n'était qu'un accident de parcours. Il nous faut regarder le mal en face. Pourquoi tant de corruption, de dévoiement et de perversion ?

Il est légitime que l'on nous demande des comptes. Il est légitime que le monde nous dise : « Vous êtes comme les pharisiens, vous dites et ne faites pas » (cf. Mt 23, 3). Le peuple de Dieu regarde ses prêtres avec suspicion. Les incroyants les méprisent et s'en méfient.

Certains se demandent si le sacerdoce lui-même n'est pas en cause. On voit fleurir çà et là des propositions pour changer l'institution, la rénover, la moderniser. Toutes ces initiatives seraient légitimes si le sacerdoce était une institution humaine. Mais nous n'avons pas inventé le sacerdoce, il est un don de Dieu. On ne réforme pas un don divin en le surchargeant de nos idées humaines pour le rendre conforme aux goûts du moment. Au contraire, on le restaure en le débarrassant des couches de badigeon qui empêchent l'original de révéler sa splendeur.

Malheureusement, certains ont utilisé leur sacerdoce pour assouvir leur volonté de péché. Ils ont détourné le sens de l'ordination sacerdotale. Ils ont perverti jusqu'au sens des mots. Ainsi, quand on dit que le prêtre est identifié au Christ au point de devenir « un autre Christ », jamais on ne donne à cette affirmation un sens psychologique. Le prêtre n'est en aucun cas tout-puissant. On ne lui doit pas une obéissance aveugle. Être identifié au Christ ne donne aucun droit à commander ou à assouvir ses caprices. Au contraire, être un autre Christ oblige à devenir le plus petit des serviteurs, être un autre Christ oblige à un chaste et infini respect de tous, être un autre Christ m'oblige à monter sur la Croix. L'ordination ne nous met pas sur un trône mais sur la Croix. Ne nous laissons pas voler par quelques pervers les mots si beaux et si exigeants de la tradition chrétienne. L'identification mystique et spirituelle du prêtre au Christ ne conduit à aucun abus si elle est vécue en vérité. N'ayons pas peur de redonner leur sens profond à ces mots si exigeants.

Le sacerdoce nous oblige à briller de sainteté. « En effet, affirme saint Jean Chrysostome, l'âme du prêtre doit être plus pure que les rayons du soleil, pour que jamais l'Esprit-Saint ne l'abandonne, pour qu'il puisse dire : je ne vis plus, mais c'est le Christ qui vit en moi[1]. »

Le sacerdoce est le bien le plus précieux de l'Église. Il doit irradier le monde de la lumière et de la sainteté de Dieu. Il n'y a pas de sanctification possible sans le sacerdoce, « car de même que sans le soleil, aucune lumière ne se lèverait sur la terre, de même, sans le sacerdoce, il ne nous viendrait plus aucune grâce ni sainteté dans l'Église. Le soleil déverse sur le monde ses rayons lumineux ; le sacerdoce opère en tous, prodigue ses dons, et répand sur tous le parfum de la sainteté. Car le but pour lequel il a été institué par le Christ, c'est que l'Église reçoive de lui toute sa sanctification, toute sa beauté, toute sa splendeur[2] ».

Il est évident que la sainteté qui doit briller dans le prêtre vient de la sainteté de Dieu. Les prêtres doivent devenir parfaits et saints à la ressemblance de Jésus-Christ. Ainsi, comme prêtres, il nous faut travailler à acquérir toutes les vertus humaines et chrétiennes en vue de nous configurer réellement au Christ et de lui ressembler. En effet, nous exhorte saint Grégoire de Nysse, « si nous considérons d'une part que le Christ est la lumière véritable, étrangère à tout mensonge, nous comprenons que notre vie aussi doit s'illuminer des rayons de la Vérité. Les vertus sont les rayons du Soleil de Justice qui jaillissent pour nous éclairer, afin que nous rejetions les activités des ténèbres, et que nous

1. *Sur le sacerdoce*, VI, 2, 8-9.
2. *La Tradition sacerdotale : études sur le sacerdoce*, Bibliothèque de la faculté catholique de théologie de Lyon, vol. 7, Le Puy, éditions Xavier Mappus, 1959, cf. p. 170 *sq*.

nous conduisions honnêtement, comme on le fait en plein jour. Refusons les dissimulations honteuses, faisons tout à la lumière ; alors nous deviendrons lumière nous-mêmes, de façon à éclairer les autres, ce qui est le propre de la lumière. Et si nous considérons que le Christ est notre sanctification, nous nous abstiendrons de toute action et de toute pensée profane et impure ; ainsi nous montrerons que nous participons vraiment à son Nom, en professant par notre vie, c'est-à-dire par la pratique et non seulement en parole, son pouvoir de sanctification[1] ».

Telle est la situation du sacerdoce. Le Christ Jésus nous a donné une très belle icône, lumineuse et claire, de son être sacerdotal. Le sacrement de l'Ordre est cette icône de Jésus, le Souverain prêtre. Mais nos compromissions avec le monde ont ajouté des couches de peintures de qualité médiocre sur l'œuvre d'art divine. Elle a perdu son éclat. Il convient donc de la restaurer et pour cela de décaper ces ajouts pour retrouver l'original. Cette œuvre de réforme, de retour à la forme voulue par Dieu, nous avions voulu y inviter avec Benoît XVI en publiant *Des profondeurs de nos cœurs*[2]. Dans ce livre, chacun de nous avait ouvert des voies vers une restauration d'un mode de vie pleinement sacerdotal pour les prêtres. Certaines propositions étaient audacieuses. Malheureusement, on n'a retenu de ces lignes que les interprétations les plus polémiques

---

1. *Traité sur la perfection chrétienne*, dans *La Liturgie des Heures*, t. 3, Cerf-Desclées de Brouwer-Mame, 1980.
2. Benoît XVI et Cardinal Robert Sarah, *Des profondeurs de nos cœurs*, Fayard, 2020.

et politiques. Ce livre a pourtant su trouver un lecteur attentif et bienveillant en la personne du Pape François, qui n'a cessé d'inviter les prêtres à une restauration de leur être le plus profond. En nous demandant de rompre avec l'autoréférentialité, le Pape nous invite à retrouver un sacerdoce qui ne renvoie pas à lui-même mais qui soit bel et bien une icône du Christ-prêtre.

Comment mener cette restauration ? Comment décaper les couches accumulées de peinture et de vernis ? Je vous propose dans ce livre une méthode simple : laissons parler l'Église ! Laissons parler ses saints, ses docteurs. Épousons leur regard pour renouveler nos perspectives.

J'ai voulu un livre simple, court, accessible à tous. J'ai voulu un livre pour que les prêtres redécouvrent leur identité profonde, pour que le peuple de Dieu renouvelle son regard sur eux.

Je laisserai la parole aux saints, hommes et femmes, laïcs et clercs. La pureté de leur âme nous permettra de retrouver l'essence du sacerdoce. N'y cherchez pas un traité de théologie académique. C'est la théologie des saints qui se déploie ici. Elle est contemplative, spirituelle, mais aussi pratique et concrète. Je laisserai la parole à l'Église en son magistère car à travers elle, c'est la voix du Christ qui vient à nous.

Chaque texte sera pour nous comme un regard renouvelé, un trait de lumière pour mieux dessiner le portrait spirituel du prêtre tel que Jésus-Christ l'a voulu, tel que nous en avons besoin aujourd'hui. À la lumière de ces enseignements de l'Église et des saints, ensemble, nous examinerons la qualité de nos rapports avec Dieu. Nous tenterons de prendre conscience que ceux qui servent Dieu et l'Autel ne doivent plus se mêler aux bassesses de la terre. Nous essaierons de mettre concrètement en œuvre le psaume 15 : « *Dominus pars hereditatis meae et calicis mei. Tu es qui defines sortem meam.* » « Seigneur, mon partage et ma coupe, de toi dépend mon sort. La part qui me revient fait mes délices, j'ai même le plus bel héritage » (Ps 15, 5-6).

Avec vous, j'observe la tempête qui secoue violemment l'Église. De grands bouleversements, d'inquiétantes remises en question doctrinales et liturgiques, l'effondrement de la théologie morale catholique, l'omniprésence du mal dans le monde, rendant l'Église sans défense face aux changements importants dans la société, nous troublent et nous attristent tous profondément. Notre identité sacerdotale, ternie par une minorité d'entre nous, est fortement contestée. Un courant de pensée nie la différence essentielle entre le sacerdoce ministériel et le sacerdoce commun des baptisés. On voudrait attribuer à tous des fonctions ministérielles en plus de celles auxquelles habiliteraient les sacrements du baptême et de la confirmation. En partant de cette conception purement fonctionnelle et sociologique du sacrement de l'Ordre, ne risquons-nous pas de dénaturer complètement le sacerdoce de la Nouvelle Alliance ?

De cette vision sociologique du sacerdoce sont nées des pressions et des revendications en faveur de l'ordination des femmes et des hommes mariés. Pourtant, le Pape Jean-Paul II, dans sa lettre apostolique *Mulieris dignitatem* du 15 août 1988, avait clairement exprimé et expliqué le lien intime entre la relation sponsale du Christ à l'Église et le fait que l'ordination soit réservée aux hommes.

Voici ses mots inoubliables : « Nous nous trouvons au centre même du mystère pascal qui révèle pleinement l'amour sponsal de Dieu. Le Christ est l'Époux parce qu'"il s'est livré lui-même" : son corps a été "livré", son sang a été "versé" (cf. Lc 22, 19-20). C'est ainsi qu'il "aima jusqu'à la fin" (Jn 13, 1). Le don désintéressé que comprend le sacrifice de la Croix fait ressortir d'une manière décisive le sens sponsal de l'amour de Dieu. Le Christ est l'Époux de l'Église, comme le Rédempteur du monde. L'Eucharistie est le sacrement de notre rédemption. C'est le sacrement de l'Époux, de l'Épouse. L'Eucharistie rend présent et réalise à nouveau sacramentellement l'Acte rédempteur du Christ qui "crée" l'Église, son Corps. À ce "Corps", le Christ est uni comme l'Époux à l'Épouse. Tout cela est dit dans la Lettre aux Éphésiens. Dans le "grand mystère" du Christ et de l'Église se trouve introduite l'éternelle "unité des deux" constituée dès le commencement entre l'homme et la femme. Si le Christ, en instituant l'Eucharistie, l'a liée d'une manière aussi explicite au service sacerdotal des Apôtres, il est légitime de penser qu'il voulait de cette façon exprimer la relation entre l'homme et la femme, entre ce qui est "féminin" et ce qui est "masculin", voulue par Dieu tant dans le mystère de la Création que dans celui de la Rédemption. Dans l'Eucharistie s'exprime avant tout sacramentellement l'acte rédempteur du Christ-Époux envers l'Église-Épouse. Cela devient transparent et sans équivoque lorsque le service sacramentel de l'Eucharistie, où le prêtre agit *in persona Christi*, est accompli par l'homme. C'est là une explication qui confirme l'enseignement de la déclaration *Inter insigniores*, publiée sur mandat de Paul VI pour répondre aux interrogations suscitées par la question de l'admission des femmes au sacerdoce ministériel, le 15 octobre 1976. »

Par ailleurs, nous vivons aujourd'hui au milieu d'un monde sans Dieu. Dans l'aride désert d'une société occidentale où progresse à grands pas l'apostasie silencieuse de l'homme qui croit être plus heureux sans Dieu, je viens vous inviter à devenir toujours plus clairement des signes évidents de la Présence de Dieu dans le monde. Je vous invite à vous asseoir souvent aux pieds de Jésus pour l'écouter nous parler de l'amour infini du Père, et réapprendre de Lui la tâche première et fondamentale que le Seigneur nous confie. La société occidentale a tué Dieu, et c'est pourquoi elle est en décadence et s'euthanasie lentement, malgré ses apparences de prospérité matérielle. Avec la mort de Dieu, on croyait atteindre l'autonomie et la liberté totale de l'homme. Mais la mort de Dieu a en fait abouti à la mort de la liberté et à l'obscurcissement d'une juste conception de l'homme. Dieu est l'unique boussole qui puisse nous orienter vers le bonheur.

Comme le répète souvent Benoît XVI, Dieu s'est fait homme pour nous. Sa créature humaine est si chère à son cœur qu'il s'est uni à elle et s'est ainsi intégré dans son histoire de manière très concrète. Il parle avec nous. Il vit avec nous, il œuvre avec nous, il souffre avec nous et écoute nos cris d'angoisse. Il a pris la mort sur lui pour nous sauver de la mort et du péché. Souvent la théologie évoque cela avec des mots trop savants, incompréhensibles et hermétiques. C'est précisément ainsi que nous courons le risque de devenir des spécialistes de Dieu, des maîtres de la foi, au lieu de nous laisser transformer, renouveler, gouverner et diviniser par elle. C'est par nos vies et notre témoignage tout imprégnés de l'Évangile que nous devons restituer à Dieu sa place dans le monde.

Ce livre est une invitation à nous asseoir aux pieds de Jésus, notre Grand Prêtre, pour nous laisser renouveler dans notre sacerdoce. C'est à ses pieds, sur ses traces, que nous apprenons à être prêtres, à nous laisser façonner à son image et à sa ressemblance, et à entrer pleinement dans les mystères chrétiens que nous célébrons avec foi.

Jésus nous apprend qu'à travers son sacerdoce Dieu notre Père a initié une histoire d'amour avec nous, un amour infini et exigeant, qui va jusqu'à la mort. Il souhaite y associer la création tout entière. Le contrepoids contre le mal qui nous menace ne peut consister qu'en notre total abandon à cet Amour. Il est le vrai contrepoids au mal. La puissance du mal naît de notre refus d'aimer Dieu.

Ces lignes ont pour seul et unique objectif d'ouvrir notre cœur pour réentendre Jésus qui prie pour nous, les prêtres : « Je ne te prie pas de les enlever du monde, mais de les garder du Mauvais. Ils ne sont pas du monde, comme moi je ne suis pas du monde. Sanctifie-les dans la vérité ; ta parole est vérité. Comme tu m'as envoyé dans le monde, moi aussi je les ai envoyés dans le monde. Pour eux je me sanctifie moi-même, afin qu'ils soient, eux aussi, sanctifiés dans la vérité » (Jn 17, 15-19). Elles voudraient vous encourager à tenir, fermes et fidèles à la grâce de votre sacerdoce, quelles que soient les épreuves, les souffrances, les tribulations et les insultes que vous aurez à supporter pour le Nom du Seigneur Jésus.

Elles voudraient vous rappeler que la Passion du Christ est une réalité permanente et inhérente à la vie du prêtre. Les chartreux nous l'enseignent : *Stat Crux dum volvitur orbis*, la Croix seule est stable alors que le monde tourne autour d'elle. Le Christ souffre et meurt encore aujourd'hui à travers ses prêtres et les fidèles chrétiens.

À la suite de saint François d'Assise, ce livre voudrait vous conduire à une profonde conversion, à porter comme lui dans votre propre corps les stigmates du Christ, et, selon ses mots, à prendre comme règle de vie « la décision d'observer intégralement le saint Évangile de Notre-Seigneur Jésus-Christ ».

I

Pour une réforme du clergé

À partir d'une méditation de sainte Catherine de Sienne

Introduction

J'aime à relire régulièrement les textes de sainte Catherine de Sienne. L'âme de cette fille de saint Dominique est habitée par un amour si véhément du Christ et de l'Église qu'elle réveille nos torpeurs et dénonce nos tiédeurs et nos accommodements avec le péché. Cette femme sait parler à des prêtres. Quelle liberté de ton ! Qui oserait aujourd'hui de telles paroles ! On ne me fera pas croire que cette sainte n'avait pas su prendre toute sa place de femme dans l'Église. Elle qui était fort peu instruite n'hésitait pas à menacer les prêtres et les évêques, non pour réclamer je ne sais quelle égalité nivelée et indifférenciée entre hommes et femmes, ou revendiquer des titres ou son droit d'être diaconesse ou prêtresse, mais pour appeler chacun à être pleinement ce qu'il est, membre vivant du Corps mystique du Christ. Elle n'hésite donc pas à affirmer que les malheurs de l'Église sont causés par la tiédeur et les péchés des clercs. Elle n'hésite pas à appeler à une réforme des pasteurs. Et quelle est cette réforme ? Est-ce une transformation du sacerdoce, une refonte du sacrement de l'Ordre ? Au contraire, c'est la conversion des prêtres à une vie cohérente avec leur état sacramentel.

Permettez-moi une réflexion inspirée par ces lignes de Catherine de Sienne. Je m'interroge parfois sur l'apparent échec actuel du grand mouvement missionnaire initié au XIXe siècle. Tant de sainteté, tant de générosité, tant de prêtres assumant d'énormes sacrifices pour annoncer l'Évangile à tous les peuples ! Je pense avec action de grâces aux missionnaires qui ont voulu rejoindre le moindre des villages les plus reculés. Grâce à eux, je connais moi aussi le Christ aujourd'hui. Puis ce mouvement semble s'être usé, tari. L'Europe chrétienne s'est comme fatiguée. Le grand mouvement de conversions et de baptêmes se serait ralenti en Afrique et en Asie, n'eût été la magnifique floraison des Églises locales et les nombreuses vocations à la vie sacerdotale et religieuse que Dieu a suscitées dans les territoires de missions. Que s'est-il passé ? En découvrant aujourd'hui de si nombreux cas de pédophilie, nous pouvons peut-être répondre. Comment pouvions-nous être féconds, si en notre sein s'étaient cachés de tels péchés ? Comment notre Église pouvait-elle être missionnaire si, parmi ses prêtres, quelques individus continuaient ainsi à ternir et à souiller l'œuvre pure et sainte de tant d'autres ? Les mots de Catherine de Sienne résonnent avec l'actualité : « Ce qui donne la vie est pour eux cause de mort parce qu'ils abusent du sang du Fils de Dieu. »

Prêtres, mes frères, avons-nous abusé du sang du Christ ? Avons-nous abusé des sacrements ? Avons-nous célébré avec crainte joyeuse et respect amoureux le mystère du sang ? Durant nos liturgies eucharistiques, avons-nous donné à Dieu le primat ? Nos célébrations liturgiques sont-elles des moments d'adoration, de glorification de la majesté divine, ou bien ne sont-elles pas devenues une autocélébration de la communauté ou des exhibitions folkloriques et culturelles ? Avons-nous donné les sacrements sans attention ? Avons-nous négligé le sacrement de pénitence où ce sang nous lave du péché ?

Prêtres, mes frères, avons-nous abusé de ce lait de la doctrine ? Ne l'avons-nous pas souillé de tant d'impuretés extérieures et de compromissions ? Je fais avec vous mon examen de conscience. Ou plutôt, je laisse cette jeune femme de Sienne m'interroger depuis son XIVe siècle. Oui, laissons-la nous remettre en cause. Laissons les mots de Catherine nous redonner le sens du péché, raviver en nous la conscience dramatique et tragique du refus de Dieu. Le péché, notre péché de prêtre n'est pas un détail. Il a coûté le sang du Dieu incarné. Notre réforme, notre retour à lui est le fruit de ce sang et la condition de la santé de l'Église entière. Car nous somme cause de son état de maladie. Sainte Catherine est enterrée à Rome, elle qui intervint publiquement dans la vie de l'Église en demandant au Pape Grégoire XI de quitter Avignon pour revenir au siège de Pierre. À force de cris, de menaces, de prières et d'amour, elle a enfin réussi à traîner le Vicaire du Christ à Rome. Son corps est visible sous l'autel majeur de l'église de la Minerve. Elle est là, couchée sous la table du sacrifice où chaque jour coule le sang qui irrigue nos âmes et rend vivante l'Église. Elle nous appelle et nous rappelle notre vocation de prêtres et notre mission dans le monde. Son corps qui repose parmi nous est un questionnement permanent.

Ne nous sommes-nous pas mondanisés, sécularisés et attiédis ? Ne nous sommes-nous pas mis à la remorque du monde, un monde matérialiste et athée ? Abandonnés à nous-mêmes et souvent désorientés par certains pasteurs eux-mêmes, nous nous sentons perdus, intimidés et découragés par les puissances de ce monde. Ne perdons pas l'espérance. Demeurons fermes dans la foi en Notre-Seigneur Jésus-Christ. Saint Jean nous rassure lorsqu'il nous écrit dans sa première Lettre : « Quel est le vainqueur du monde, sinon celui qui croit que Jésus est le Fils de Dieu ? » (1 Jn 5, 5).

Ne relâchons rien de notre zèle pour la vérité catholique ; souvenons-nous que la situation de l'Église primitive n'était guère différente de la nôtre. Pourtant une poignée de pêcheurs de Galilée, qui « étaient des gens sans instruction ni culture » (Ac 4, 13), impuissants dans les affaires de ce monde mais remplis de foi, a conquis le monde entier. Car « l'Église, dit Henri de Lubac, n'est pas seulement la première des œuvres de l'Esprit sanctificateur, mais celle qui comprend, conditionne et absorbe toutes les autres. Tout le processus de salut s'accomplit en elle. [...] Telle qu'elle existe de par Dieu, l'Église nous est nécessaire, de "nécessité de moyen". Plus encore. Le mystère de l'Église est en résumé tout le Mystère. Il est par excellence notre propre mystère. Il nous prend tout entiers. Il nous enveloppe de toute part, puisque c'est dans l'Église que Dieu nous voit et nous aime, puisque c'est en elle qu'Il nous veut et nous Le rencontrons, c'est en elle aussi que nous adhérons à Lui et qu'Il nous béatifie[1] ».

Il nous est impossible de comprendre le sacerdoce en dehors de l'Église catholique. Toute réforme du clergé doit commencer par un profond regard de foi porté sur l'Église, car c'est en elle que sont engendrés tous les sacrements de la Nouvelle Alliance, et que nous devenons nous-mêmes disciples de Jésus-Christ.

Mais l'Église, toute l'Église, la seule Église, celle d'aujourd'hui comme celle d'hier et de demain, est le sacrement de Jésus-Christ. Elle n'est rien d'autre. Pourtant, pour beaucoup de nos contemporains, et même parmi ses propres enfants, l'Église apparaît comme une structure purement humaine au service de la société. On ne sait plus voir dans l'Église que ses mérites humains : elle est estimée seulement quand elle déploie des moyens en vue d'une fin temporelle, comme le soulagement de la misère ou l'accueil des migrants. Elle est appréciée pour son engagement en faveur de l'écologie, pour sa lutte politique en faveur de la paix, de la justice et de la fraternité entre les peuples.

On constate aujourd'hui, au sein de l'Église, de grandes luttes internes, des divisions doctrinales. Même

1. Henri de Lubac, *Méditation sur l'Église*, éditions du Cerf, 1998.

les synodes des évêques, qui étaient conçus comme une rencontre d'échange pastoral et de partage de notre commune mission, se sont transformés en champ de bataille où des groupes s'affrontent, chacun voulant imposer de force sa position théologique, morale ou idéologique. Comme l'énonce Henri de Lubac : « Les disputes de ses propres enfants n'affaiblissent pas seulement l'Église : elles la défigurent aux yeux du monde et la démolissent de l'intérieur. Pour nous, osons le dire, si l'Église n'était pas ce qu'elle prétend être, si elle ne vivait pas essentiellement de la foi en Jésus-Christ, de cette foi proclamée par l'Apôtre Pierre sur le chemin de Césarée, nous n'attendrions pas qu'elle nous déçoive humainement pour nous détacher d'elle. Car tous ses bienfaits humains et toutes ses magnificences, toute la richesse de son histoire et toutes ses promesses d'avenir ne sauraient compenser le vide affreux qui serait en son centre. Tout cela – mais l'hypothèse n'est pas seulement fausse, elle est impossible – ne serait que le vêtement brillant d'une imposture, et l'espérance qu'elle a mise en nos cœurs serait une duperie. “Nous serions en ce cas les plus malheureux des hommes” (1 Co 15, 14-19). Non, si Jésus-Christ ne fait pas sa richesse, l'Église est misérable. Elle est stérile, si l'Esprit de Jésus n'y fleurit pas. Son édifice est ruineux, si Jésus n'en est pas l'Architecte et la pierre d'Angle et si, des pierres vivantes dont elle se construit, son Esprit n'est pas le ciment. Elle est sans beauté, si elle ne reflète pas l'unique Beauté du visage du Christ[1]. La science

1. Saint Augustin, *Sermo,* 44,11.

dont elle se targue est fausse, et fausse aussi la sagesse qui la décore, si elles ne se résument l'une et l'autre en Jésus-Christ. Elle nous retient dans les ténèbres de la mort, si sa lumière n'est pas celle de Jésus. Toute sa doctrine est mensonge si elle n'annonce pas la vérité qu'est Jésus-Christ. Toute sa gloire, toute sa puissance et ses richesses matérielles sont vaines si elle ne les met pas dans l'humilité de Jésus-Christ. Son nom même nous est étranger, s'il n'évoque aussitôt pour nous le seul Nom donné aux hommes par lequel nous devions être sauvés (cf. Ac 4, 12). Elle ne nous est rien si elle n'est pas pour nous le sacrement, le signe efficace de Jésus-Christ. L'Église a pour unique mission de le rendre présent aux hommes. Elle doit l'annoncer, le montrer, le faire voir et le donner à tous. Le reste, encore une fois, n'est que surcroît. À cette mission nous savons qu'elle ne peut faillir. Elle est et sera toujours en toute vérité l'Église du Christ : "Je suis avec vous pour toujours jusqu'à la fin du monde" (Mt 28, 20). Mais ce qu'elle est en elle-même, il faut qu'elle le soit aussi dans ses membres. Ce qu'elle est *pour nous*, il faut aussi qu'elle le soit *par nous*. Il faut que par nous Jésus-Christ continue d'être annoncé, qu'à travers nous Il continue de transparaître. C'est là plus qu'une obligation : c'est, peut-on dire, une nécessité organique. Les faits y répondent-ils toujours ? Par notre ministère sacerdotal, l'Église annonce-t-elle vraiment Jésus Christ[1] ? » Je vous pose la question. Elle est vitale.

1. Henri de Lubac, *Méditation sur l'Église*, *op. cit.*, p. 188 *sq.*

Sainte Catherine de Sienne, **Le Dialogue** *(extraits)*

Dieu promet aux souffrances de ses serviteurs le repos et la réforme de l'Église.

En vérité, je te le dis, plus la tribulation abondera dans le corps mystique de la sainte Église, plus aussi abondera la douceur de la consolation. Et quelle sera cette douceur ? Ce sera la réforme et la sainteté de ses ministres qui fleuriront pour la gloire et l'honneur de mon Nom, et qui élèveront vers moi le parfum de toutes les vertus. Ce sont les ministres de mon Église qui seront réformés, et non pas mon Église, car la pureté de mon épouse ne peut être diminuée et détruite par les fautes de ses serviteurs.

Réjouis-toi donc, ma fille, avec le directeur de ton âme et avec mes autres serviteurs ; réjouissez-vous dans votre douleur. Moi qui suis la Vérité éternelle, je vous promets de vous soulager. Après la douleur viendra la consolation, parce que vous aurez beaucoup souffert pour la réforme de la sainte Église[1].

Dieu se plaint des péchés des chrétiens, et particulièrement de ceux de ses ministres.

Alors Dieu jeta un regard miséricordieux sur cette âme qui l'invoquait avec des larmes si ferventes ; il se laissa vaincre par l'ardeur de ses désirs, et il lui dit : – Ma bien douce fille, tes larmes sont toutes-puissantes, parce qu'elles sont unies à ma charité et qu'elles sont répandues par amour pour moi. Je ne

1. *Le Dialogue de sainte Catherine de Sienne*, traduction d'E. Cartier, Paris, 1855.

puis résister à tes désirs. Mais regarde les souillures qui déshonorent le visage de mon épouse. Elle porte comme une lèpre affreuse l'impureté, l'amour-propre, l'orgueil et l'avarice de ceux qui vivent dans leurs péchés. Tous les chrétiens en sont infectés, et le corps mystique de la sainte Église n'en est point exempt !

Oui, mes ministres, qui se nourrissent du lait de son sein, ne songent pas qu'ils doivent le distribuer à tous les fidèles et à ceux qui veulent quitter les ténèbres de l'erreur et s'attacher à l'Église. Vois avec quelle ignorance, avec quelle ingratitude ils me servent. Combien sont indignes et irrespectueuses les mains qui reçoivent le lait de mon Épouse et le sang de mon Fils ! Ce qui donne la vie leur cause la mort, parce qu'ils abusent de ce sang qui doit vaincre les ténèbres, répandre la lumière et confondre le mensonge.

Ce sang précieux est la source de tout bien ; il sauve et rend parfait tout homme qui s'applique à le recevoir ; il donne la vie et la grâce avec plus ou moins d'abondance, selon les dispositions de l'âme ; mais il n'apporte que la mort à celui qui vit dans le péché. C'est la faute de celui qui vit dans le péché. C'est la faute de celui qui reçoit, et non pas la faute du sang ou la faute de ceux qui l'administrent ; ils pourraient être plus coupables sans en altérer la vertu ; leur péché ne peut nuire à celui qui reçoit, mais à eux seulement, s'ils ne se purifient pas dans la contrition et le repentir.

Oui, c'est un grand malheur de recevoir indignement le sang de mon Fils ; c'est souiller son âme et son corps ; c'est être bien cruel envers soi-même et envers le prochain ; car c'est se priver de la grâce ; c'est fouler aux pieds le bénéfice du sang reçu dans le baptême qui a lavé la tache originelle. Je vous ai donné le Verbe, mon Fils unique, parce que le genre humain tout entier était corrompu par le péché du premier homme, et que, sortis de la chair viciée d'Adam, vous ne pouviez plus acquérir la vie éternelle[1].

De beaucoup d'autres péchés que commettent les mauvais pasteurs.

Vois-le ce prêtre ! Ce n'est pas le bréviaire qui est son épouse, ou il ne le traite que comme une épouse adultère. [...]

Ô malheureux homme ! Où en es-tu arrivé ! Ce sont les âmes que tu devais poursuivre et prendre pour l'honneur et la gloire de mon Nom ! C'est dans les jardins de la sainte Église que tu devais demeurer, et tu cours les bois ! Tu es devenu bête toi-même, tu entretiens dans ton âme une foule d'animaux qui sont les nombreux péchés mortels, voilà pourquoi tu t'es fait oiseleur et chasseur de bêtes ! Le jardin de ton âme est passé à l'état sauvage, il est devenu un fourré d'épines. C'est pour cela que tu te plais à courir, par les lieux déserts, à la poursuite des bêtes des forêts.

Rougis donc, ô homme ! Considère tes crimes : de quelque côté que tu regardes, tu as de quoi rougir ! Mais non, tu es inaccessible à la honte, parce que tu as perdu la véritable et sainte crainte de Moi ! Comme une courtisane sans pudeur, tu te vantes d'occuper une grande situation dans le monde, d'avoir une belle famille, une troupe nombreuse d'enfants ! Si tu n'en as pas, tu cherches à en avoir, pour laisser des héritiers

1. *Le Dialogue de sainte Catherine de Sienne, op. cit.*

de ta fortune. Mais tu n'es qu'un bandit, tu n'es qu'un voleur ! Tu sais bien que tu ne peux leur laisser ces biens et que tes héritiers ce sont les pauvres et la sainte Église. Ô démon incarné ! Esprit sans lumière, tu cherches ce que tu ne dois pas chercher ; tu te flattes, tu es fier de ce qui devrait te couvrir de confusion et te faire rougir devant Moi, qui vois le fond de ton cœur. Les hommes eux-mêmes te méprisent, mais les cornes de ton orgueil t'empêchent de voir ta honte !

Ô très chère fille, je l'avais placé, ce prêtre, sur le pont de la doctrine et de ma Vérité, pour qu'il vous administrât à vous, les voyageurs, les sacrements de la sainte Église. Et le voilà qui est descendu en dessous du pont, il est entré dans le torrent des plaisirs et des misères du monde. C'est là qu'il exerce son ministère, sans s'apercevoir que le flot de la mort va le prendre et l'emporter avec les démons, ses maîtres qu'il a si bien servis. Il se laisse ainsi aller, sans résistance, au fil de l'eau, dans le courant du fleuve. S'il ne s'arrête, c'est à l'éternelle damnation qu'il va, avec tant de charges et d'accusations contre lui, que ta langue ne le pourrait dire. Plus lourde est sa responsabilité que celle de tout autre. Aussi, la même faute est-elle punie plus sévèrement en lui que dans les hommes du monde. Plus impitoyable aussi est l'accusation que ses ennemis font peser sur lui quand, au moment de la mort, ils se dressent pour lui reprocher sa vie, comme je te l'ai dit[1].

1. *Le Dialogue de sainte Catherine de Sienne*, traduction du R. P. Hurtaud, Paris, 1913.

De la différence de la mort des justes d'avec celle des pécheurs. Et premièrement de la mort des justes.

Mes ministres ont encore reçu, de par leur sacerdoce, une dignité plus grande. Leur office spécial à eux, c'est de se nourrir des âmes, pour l'honneur de Moi. Certes, à tous et à chacun il a été donné, il a été commandé de demeurer dans l'amour du prochain. Mais à eux seuls, à mes ministres, a été confiée la charge de gouverner les âmes et de leur assurer le service du Sang. S'ils s'acquittent de ce devoir avec zèle, par amour de la vertu, comme je t'ai dit, ils recevront plus que les autres.

Ô combien heureuse l'âme de ces prêtres, quand elle arrive à cette extrémité de la mort ! Toute leur vie, ils sont demeurés les apôtres et les défenseurs de la Foi, pour leur prochain. La Foi a ainsi pénétré leur âme jusqu'aux moelles ; et cette Foi leur découvre la place qu'ils obtiendront en moi.

L'espérance qui soutenait leur vie n'avait d'appui que dans ma Providence. Ce n'est pas en eux-mêmes qu'ils avaient mis leur confiance, ils ne se reposeraient pas sur leur propre savoir. Comme ils s'étaient dépouillés de toute espérance en eux-mêmes, ils n'avaient point pour quelque créature d'attachement déréglé. Rien de créé ne prenait leur amour. Ils vivaient pauvres, et volontairement : ainsi détachés de tout le reste, ils dilataient à l'aise l'unique espoir qu'ils plaçaient en moi.

Leur cœur était un vase d'amour rempli de la plus ardente charité, qui portait mon Nom et l'annonçait au prochain, par les exemples d'une bonne et sainte vie, non moins que par les enseignements de la parole. Ce cœur s'élève donc vers Moi, à cette heure, avec un amour ineffable ; il m'étreint de toutes ses forces, Moi qui suis sa fin, en me présentant la perle de la justice que toujours il porta devant soi, faisant droit à tous, et rendant à chacun fidèlement ce qui lui était dû. Aussi, me rend-il à Moi-même, par son humilité, la justice à laquelle j'ai droit. Il rend honneur et gloire à mon Nom, en proclamant que c'est par grâce qu'il lui a été donné de passer le temps de sa vie avec une conscience pure et sainte ; et il a pour lui-même la justice qu'il mérite en se confessant indigne d'avoir reçu et de recevoir une si grande grâce. Sa conscience me rend mon témoignage, et Moi, je lui rends, suivant son mérite, la couronne de justice, ornée de perles précieuses, qui sont les bonnes œuvres que la charité a fait produire à ses vertus.

Ô Ange de la terre, bienheureux es-tu de n'avoir pas été ingrat pour les bienfaits que tu as reçus de Moi, de ne les avoir ni négligés, ni méconnus ! Éclairée de la vraie lumière, ta sollicitude a toujours eu l'œil ouvert sur ceux qui t'étaient confiés. Pasteur fidèle, au cœur viril, tu as suivi la doctrine du vrai et bon Pasteur, le doux Christ Jésus, mon Fils unique. Aussi est-ce par lui, en vérité, que tu es arrivé à Moi, baigné et noyé dans son sang, avec le troupeau de tes brebis, dont tu as déjà conduit un grand nombre à la vie éternelle, par la sainte doctrine et par tes exemples, et dont tu laisses beaucoup d'autres encore, en état de grâce.

Ô fille très chère, comment ceux-là pourraient-ils être troublés par la vue du démon, qui me voient déjà par la Foi et qui me possèdent par l'amour ? En eux, point de corruption, point de péché : les ténèbres, les terreurs du dernier passage, ne leur causent donc aucune épouvante, aucun effroi. Ils n'ont point de crainte servile : tout est saint dans leur crainte. Ils n'ont pas peur des illusions du démon, dont la lumière surnaturelle et la révélation des Saintes Écritures leur ont fait connaître les pièges ; aussi leur âme n'en est-elle ni obscurcie ni troublée.

C'est ainsi qu'ils passent glorieusement, baignés dans le Sang, dans un ardent désir du salut des âmes, tout embrasés de l'amour du prochain. Ils passent par la porte du Verbe, ils entrent en moi, et ma Bonté assigne à chacun sa place et son rang, selon le degré de la charité qu'ils ont eue pour Moi[1].

Méditation

Quelles que soient les difficultés que l'Église traverse en ces moments, quels que soient les horribles scandales dont certains hauts prélats se sont rendus coupables, quelles que soient les corruptions financières dont elle est accusée, chers prêtres et chers fidèles laïcs, ne laissons jamais s'insinuer en nous l'idée fatale de « rompre le lien de la paix par une séparation sacrilège avec notre Mère la Sainte Église ». Ne nous flattons pas de pouvoir, en nous mettant hors de l'Église, rester encore dans la société du Christ. Mais redisons-nous

1. *Le Dialogue de sainte Catherine de Sienne*, traduction du R. P. Hurtaud, *op. cit.*

à nous-mêmes avec saint Augustin : « Pour vivre de l'Esprit du Christ, il faut demeurer en son Corps, et c'est dans la mesure où l'on aime l'Église du Christ qu'on a en soi le Saint-Esprit[1]. » Il se peut que bien des choses dans le contexte humain de l'Église nous déçoivent. Il se peut aussi que nous soyons, sans qu'il y ait de notre faute, profondément incompris. Il se peut que, dans son sein même, nous ayons à subir des persécutions. Soyons cependant heureux, devant le Père qui voit dans le secret, de participer de la sorte à cette « *veritatis unitas* » que nous implorons pour tous au jour du vendredi saint. Soyons heureux, si nous achetons alors au prix du sang de l'âme cette expérience intime qui donnera de l'efficacité à nos accents lorsque nous aurons à soutenir quelque frère ébranlé, lui disant avec saint Jean Chrysostome : « Ne te sépare point de l'Église ! Aucune puissance n'a sa force. Ton espérance, c'est l'Église. Ton salut, c'est l'Église. Ton refuge, c'est l'Église. Elle est plus haute que le Ciel et plus large que la Terre. Elle ne vieillit jamais. Sa vigueur est éternelle[2]. »

Pour chasser tout découragement et toute velléité de rompre avec l'Église, prenons deux exemples : Martin Luther et saint François d'Assise. En guise d'introduction, examinons ce que dit Georges Bernanos à ce sujet : le grand écrivain catholique oppose, à l'attitude du réformateur, la résistance des saints. Dans l'ouvrage intitulé *Frère Martin*, on trouve cette réflexion très lumineuse :

1. Cf. Saint Augustin, *Tractatus In Ioannem*, tract. 32, n° 8.
2. Jean Chrysostome, *Homélie en faveur d'Eutrope*, c.6, P.G. 53,402.

« Il y a des pharisiens dans l'Église, le pharisaïsme continue à circuler dans les veines de ce grand Corps, et chaque fois que la charité s'y affaiblit, l'affection chronique aboutit à une crise aiguë. [...] L'indignation n'a jamais racheté personne, mais elle a probablement perdu beaucoup d'âmes, et toutes les bacchanales simoniaques de la Rome du XVIe siècle n'auraient pas été de grand profit pour le diable si elles n'avaient réussi ce coup unique de jeter Luther dans le désespoir, et avec ce moine indomptable, les deux tiers de la douloureuse chrétienté. Luther et les siens ont désespéré de l'Église, et qui désespère de l'Église risque tôt ou tard de désespérer de l'homme. À ce point de vue le protestantisme m'apparaît comme un compromis avec le désespoir... Le malheur de Martin Luther fut de prétendre réformer [...]. [Or,] qui prétend réformer l'Église [...] par les mêmes moyens qu'on réforme une société temporelle, non seulement échoue dans son entreprise, mais finit infailliblement par se trouver hors de l'Église. On ne réforme l'Église qu'en souffrant pour elle, on ne réforme l'Église visible qu'en souffrant pour l'Église invisible. On ne réforme les vices de l'Église qu'en prodiguant l'exemple de ses vertus les plus héroïques. Il est possible que saint François d'Assise n'ait pas été moins révolté que Luther par la débauche et la simonie des prélats. Il est même certain qu'il en a plus cruellement souffert, car sa nature était bien différente de celle du moine de Weimar. Mais il n'a pas défié l'iniquité, il n'a pas tenté de lui faire front, il s'est jeté dans la pauvreté, il s'y est enfoncé le plus avant qu'il ait pu, avec les siens, comme dans la source de toute rémission, de toute pureté. Au lieu d'essayer d'arracher à l'Église les biens mal acquis, il l'a comblée de trésors invisibles, et sous la douce main de ce mendiant le tas d'or et de luxure s'est mis à fleurir comme une haie d'avril [...]. [Ainsi,] l'Église n'a pas besoin de réformateurs, mais de saints[1]. »

Parlons tout d'abord du réformateur Martin Luther. En 2017, nous avons fait mémoire du cinq centième anniversaire de l'affichage par le moine augustin Martin Luther, sur une église de Wittenberg, de quatre-vingt-quinze thèses qui, en particulier, condamnent la pratique des indulgences telle que l'enseigne l'Église, mais également d'autres points concernant la foi, comme la réalité du purgatoire. Cet acte public est considéré habituellement comme le début de ce qu'on appelle communément la « Réforme ». Dès 1517, en réalité, et malgré des péripéties qui suivront, Martin Luther a déjà rompu de cœur avec l'Église du Christ, et il ne suit plus que ses vues personnelles erronées. Pourtant, comme nous allons le voir, Martin Luther fut auparavant un moine pieux et zélé.

Né en 1483 dans une bonne famille chrétienne, Martin est attiré très tôt par la religion, puis, plus tard, par la théologie. Alors que son père souhaite qu'il devienne juriste, il décide de se faire moine augustin, entrant dans cet ordre en 1505. Ordonné prêtre en 1507, il obtient le doctorat en théologie

1. Georges Bernanos, *Frère Martin*, dans *La Vocation spirituelle de la France*, inédits rassemblés et présentés par Jean-Loup Bernanos, Paris, Plon, 1975.

en 1512. À partir de cette date, sa vie sera celle d'un enseignant et d'un prédicateur. Luther avait reçu une bonne formation et il a certainement été influencé sur le plan intellectuel par la lecture de plusieurs grands auteurs, qu'il s'agisse d'Aristote ou de Guillaume d'Ockham. Pourtant, c'est sur la base de sa vie intérieure personnelle, de son expérience spirituelle intime, que Luther va bâtir une nouvelle doctrine qui s'éloignera de l'enseignement de l'Église catholique. De plus, Luther était doté d'un tempérament riche et passionné, avec comme corollaire de fortes tentations : contre la chasteté, un attrait pour la bonne chère, une propension à la colère, un esprit d'indépendance jusqu'à l'orgueil... En 1515, il commence, dans le cadre de son enseignement, à commenter les Épîtres de saint Paul, et notamment la première d'entre elles selon l'ordre de la Bible, l'Épître aux Romains, d'une immense richesse, d'une fulgurance incroyable, mais aussi d'une difficulté redoutable de compréhension. À partir de ce qu'il croit comprendre de ce texte, en se fiant uniquement à sa pensée et sans se référer à la Tradition de l'Église, Martin Luther élabore une nouvelle théologie qui, dès ce moment, est radicalement incompatible avec celle de l'Église catholique, même si la rupture extérieure et publique va prendre un certain temps. La question qui le taraude est celle-ci : « Puis-je être sauvé alors que je ressens encore tes tentations ? »

Selon la doctrine catholique, grâce aux mérites du Christ, l'homme qui accepte la révélation divine par la foi et qui, mû par l'espérance du salut divin, veut se repentir de ses péchés et se tourner vers Dieu, obtient par la grâce que ses péchés soient pardonnés, et que son âme soit régénérée et sanctifiée ; il devient alors, selon l'expression de saint Pierre, « participant de la nature divine » (2 P 1, 4). « En effet, illuminés par le Fils unique, nous sommes transformés, dit saint Cyrille d'Alexandrie, en ce Verbe qui donne la vie à tous les êtres[1]. » « À cause du grand Amour dont il nous a aimés, alors que nous étions morts par suite de nos fautes, [Il] nous a fait revivre avec le Christ : c'est par grâce que vous êtes sauvés », affirme saint Paul dans sa Lettre aux Éphésiens (Ep 2, 4-5). Le chrétien qui vit de la charité est donc, ainsi que le dit souvent saint Paul, un « saint », parce qu'il a été purifié, transformé, sanctifié intérieurement, et qu'il est devenu réellement l'Ami de Dieu par une ressemblance effective et stable. Étant l'Ami de Dieu, il fait spontanément les œuvres de Dieu, les bonnes œuvres de la vertu qui lui méritent, par la grâce du Christ présente en lui, le salut, et donc le bonheur du ciel.

Luther rejette cette vérité. Pour lui, le fait d'avoir embrassé la foi et la vie chrétienne n'ôte pas le péché de l'âme. Pour Martin Luther, le chrétien reste, en réalité, toujours pécheur, et son âme demeure tout à fait corrompue. Mais comme le Christ a mérité, par le sacrifice de la Croix, le salut pour les hommes, le manteau des mérites du Christ recouvre la souillure de mon âme, et notre Père, voyant ce manteau sur moi, m'agrée au Ciel. Les bonnes œuvres n'ont donc aucun pouvoir de mérite, puisque l'homme reste toujours

1. *Commentaire de saint Cyrille sur la seconde Lettre aux Corinthiens.*

pécheur intérieurement, mais elles encouragent simplement le chrétien à persévérer dans la foi.

Tel est le cœur de ce que Luther appelle « la vérité de l'Évangile ». De là découle naturellement le reste de sa doctrine : en premier lieu, la remise en cause de l'Église institutionnelle. Celle-ci n'est pas divine, ne serait-ce que parce qu'elle prétend que l'homme peut se sauver par les bonnes œuvres, alors que, comme Luther en a fait l'expérience décevante dans la vie monastique, ces bonnes œuvres sont incapables d'ôter le péché. Puisque l'âme du chrétien n'est pas transformée par la grâce, les sacrements n'opèrent plus rien de réel en elle. Pour la même raison, la Sainte Messe perd toute signification. Seul sera conservé un mémorial de la Cène, pour nous faire souvenir de l'unique sacrifice du Christ sur la Croix et raviver notre foi en sa rédemption. Toutefois, Luther ne se contente pas de cette mise à l'écart de la messe. Prêtre en rupture de ban, moine infidèle à ses vœux, il développe une haine à l'égard du Saint Sacrifice de la Messe : « La messe, déclare-t-il en 1521, est la plus grande et la plus horrible des abominations papistes. » Et il concluait : « Si la messe tombe, la papauté s'écroule. » Les bonnes œuvres, notamment les vœux monastiques, étant inutiles et trompeuses, Luther décide de revenir à l'état laïc et, dès 1525, se marie avec une ancienne religieuse, Catherine de Bora, dont il aura six enfants. Lorsque Martin Luther meurt, le 18 février 1546, la guerre de Trente Ans ravage l'Allemagne, guerre qui s'étend à presque toute l'Europe et ensuite au monde entier.

Martin Luther, le réformateur, a donc échoué : au lieu de purifier l'Église de l'intérieur, il a déchiré le Corps mystique du Christ, provoquant les terribles guerres de religion[1]. Mais Dieu gouverne le monde par ce qu'on appelle la Providence. Lorsque l'Église excommunie Martin Luther en 1521, Dieu suscite la même année saint Ignace de Loyola, qui par ses collèges pour les jeunes et ses *Exercices spirituels* va essayer de restaurer l'âme de l'Église et contribuer à la survie de la civilisation chrétienne.

Comme nous le verrons, il en va tout autrement de François d'Assise qui, au XIIIe siècle, entreprend la réforme de l'Église par la voie de la sainteté et de la pénitence[2]. Pour comprendre la voie réformatrice de saint François, il faut partir de sa conversion et concrètement de ce que l'on appelle le « baiser au lépreux ». Il témoigne lui-même en ces termes : « Au temps où j'étais encore dans les péchés, la vue des lépreux m'était insupportable. Mais le Seigneur lui-même me conduisit parmi eux ; je les soignai de tout mon cœur ; et au retour, ce qui m'avait semblé si amer s'était changé pour moi en douceur pour l'esprit et pour le corps. Ensuite, j'attendis peu et je dis adieu au monde[3]. »

Jésus nous dit : « Si quelqu'un veut venir à ma suite, qu'il se renie lui-même, qu'il se charge de sa

1. Cf. Jacques Maritain, *Trois réformateurs : Luther, Descartes, Rousseau*, in *Œuvres complètes*, volume 3, éditions Saint-Paul, 1982.
2. Cf. Raniero Cantalamessa, *Première Prédication de l'Avent au Vatican*, 6 décembre 2013.
3. Extrait du *Testament* de saint François d'Assise, 1-3, cité dans P. Raniero Cantalamesa, *op. cit.*

croix, et qu'il me suive. Qui veut en effet sauver sa vie la perdra, mais qui perdra sa vie à cause de moi la trouvera » (Mt 16, 24-25). François d'Assise, en embrassant le lépreux, a renoncé à lui-même en acceptant ce qu'il y avait de plus « amer » et ce qui répugnait le plus à sa nature. Il s'est fait violence. François n'est pas allé spontanément chez les lépreux, poussé par une compassion humaine. « Le Seigneur lui-même, écrit-il, m'a conduit parmi eux. » François n'épousa ni la pauvreté, ni même les pauvres ; il épousa le Christ et c'est par amour pour Lui qu'il épousa, pour ainsi dire « en secondes noces », Dame Pauvreté. Il en sera toujours ainsi dans la sainteté chrétienne. Comment un événement aussi intime et personnel que la conversion du jeune François a-t-il pu à la fois déclencher un mouvement qui changea en son temps le visage de l'Église et exercer une influence aussi forte sur l'histoire jusqu'à nos jours ?

Nous devons observer un instant la situation de l'époque. Au temps de François, la réforme de l'Église était une exigence dont tout le monde avait plus ou moins conscience. Le Corps de l'Église vivait des tensions et des déchirements profonds. L'Église était en train de s'écrouler et de tomber en ruine sous le poids de ses infidélités et de sa corruption, de ses comportements mondains, de sa luxure et de ses péchés. Nous connaissons ces deux épisodes tout à fait significatifs de la vie de saint François : tout d'abord, les fameuses paroles du crucifix de saint Damien, « Va, François, et répare mon Église qui, comme tu le vois, tombe en ruine », et puis le rêve du Pape Innocent III dans lequel il voit François soutenir de ses épaules la cathédrale-basilique Saint-Jean-de-Latran qui s'écroule.

On peut décrire la voie réformatrice de François par cette simple expression : le retour radical à l'Évangile. Au cours d'une messe, François entendit le passage de l'Évangile sur l'envoi des disciples : Jésus « les envoya proclamer le Règne de Dieu et faire des guérisons ». Il leur dit : « Ne prenez rien pour la route, ni bâton, ni besace, ni pain, ni argent ; n'ayez pas non plus chacun deux tuniques » (Lc 9, 2-3). Ce fut pour lui une révélation fulgurante, de celles qui transforment et orientent toute une vie. À partir de ce jour-là, sa mission lui apparut clairement : un retour simple et radical au vrai Évangile, vécu et prêché par Jésus. Il s'agissait concrètement de relancer dans le monde la forme et le style de vie de Jésus et des Apôtres décrits dans les Évangiles. Il commence sa Règle en disant ceci aux frères : « La Règle et la vie des Frères mineurs est celle-ci : observer le Saint Évangile de Notre-Seigneur Jésus-Christ. » Ce retour radical à l'Évangile se reflète avant tout dans la prédication de François. C'est surprenant, mais il parle presque toujours de « faire pénitence ». À partir de sa conversion, avec grande ferveur et joie, il prêche la pénitence et il édifie tout le monde par la simplicité et la pureté de sa parole, et la magnificence de son cœur. Partout où il allait, François disait, recommandait, suppliait de faire pénitence. N'est-ce pas le message que la Sainte Vierge Marie nous répète à chacune de ses apparitions : « Priez et faites pénitence » ? Car il n'y a pas d'évangélisation possible sans pratique de la pénitence. François n'a fait que relancer le grand appel à la conversion par lequel s'ouvrent la prédication de Jésus dans l'Évangile et celle des Apôtres, le jour de la Pentecôte. Ce qu'il voulait dire par « conversion », il n'avait pas besoin de l'expliquer : sa vie entière le montrait. Telle est la voie de la sainteté qui, à l'intérieur de l'Église, la régénère en profondeur en la purifiant de ses péchés. Mais nous devons, à l'exemple des saints, prier, prier, prier et faire pénitence.

II

Un remède contre l'hypocrisie

À partir d'une méditation de saint Grégoire le Grand

Introduction

Le prêtre rend sacramentellement présent le Christ. Quel mystère insondable ! Quand bien même il serait un menteur, un pervers, un médiocre et le plus vil et le plus répugnant des pécheurs, il est la main du Christ qui bénit, sanctifie, absout et consacre. Saint Augustin le résume en des mots très forts, en comparant le prêtre au traître Judas : « Quand l'apôtre Pierre baptise, c'est Jésus qui baptise en lui, mais quand Judas le traître baptise, c'est encore Jésus qui baptise en lui[1]. » Quel mystère ! L'enjeu d'une vie de prêtre est donc de devenir quotidiennement ce qu'il est profondément. Il cherche constamment à se configurer au Christ dont il est le ministre. Tous les mouvements de son cœur : sa conduite, sa pensée, ses actions et sa parole auront comme seul souci de reproduire les mystères de la vie de Jésus. Nous chrétiens, nous sommes morts avec le

1. Saint Augustin, *Ep. Io.*, Tr. VI, 7.

Christ, « nous portons partout et toujours en notre corps les souffrances de mort de Jésus, pour que la vie de Jésus soit, elle aussi, manifestée dans notre corps » (2 Co 4, 10). Nous ne vivons donc plus de notre vie, mais de la vie du Christ, « vie d'innocence, vie de pureté et de sainteté, vie de simplicité et de toutes les vertus », dit saint Ambroise. Ainsi tout prêtre a vraiment, par sa consécration et sa mission, un devoir particulier de porter la mort de Jésus et de reproduire, dans sa vie, la vie et la sainteté du Christ. « Précisément, nous voyons dans le curé d'Ars, affirme saint Jean-Paul II, un prêtre qui ne s'est pas contenté d'accomplir extérieurement les gestes de la rédemption : il y a participé dans son être même, dans son amour du Christ, dans sa prière constante, dans l'offrande de ses épreuves ou ses mortifications volontaires. Je le disais déjà aux prêtres de Notre-Dame de Paris, le 30 mai 1980 : "Le curé d'Ars demeure pour tous les pays du monde un modèle hors pair, à la fois de l'accomplissement du ministère et de la sainteté du ministre." Cela suppose évidemment une véritable intimité avec Jésus, une imitation et une configuration au Christ. [...] Le "mystère" dont le prêtre est le "dispensateur" (cf. 1 Co 4, 1), c'est, en définitive, Jésus-Christ Lui-même qui, dans l'Esprit, est Source de sainteté et appel à la sanctification. Le "mystère" doit être au cœur de la vie quotidienne du prêtre. Il exige donc grande vigilance et vive conscience. C'est encore le rite d'ordination qui fait précéder les paroles citées plus haut de la recommandation : "Prenez bien conscience de ce que vous ferez." Déjà saint Paul avertissait l'évêque Timothée : “Ne néglige pas le don spirituel qui est en toi, qui t'a été conféré par une intervention prophétique accompagnée de l'imposition des mains du Collège des Presbytres. Prends cela à cœur” (1 Tm 4, 14-15)[1]. »

Si le prêtre ne recherche pas cette unité de vie, il risque de développer une dissociation de la personnalité, de vivre comme étranger à sa propre identité intérieure. Quelle tragédie ! Quel naufrage ! Ce danger de dissociation entre vie sacerdotale et vie privée est comme un précipice qui s'ouvre à chaque instant sous les pas des prêtres. Ils doivent sans cesse se répéter qu'ils n'ont pas d'un côté leur vie de prêtre, leur « vie professionnelle » et de l'autre leur vie privée. Être prêtre n'est pas une profession, c'est une identité qui doit devenir identification. À chaque instant, le prêtre doit reprendre conscience qu'il doit devenir existentiellement ce qu'il est essentiellement. L'enjeu de la sainteté sacerdotale est là. Déjà au VIe siècle, saint Grégoire le Grand le savait bien.

Les prêtres qui ne sont pas des saints ne sont pas seulement médiocres. Ils entraînent vers le mal ceux qu'ils sont chargés de conduire. Le péché d'un pasteur n'est pas une affaire privée. Il blesse tout le troupeau d'une blessure profonde. D'où il apparaît combien la notion de vie privée pour un prêtre est ambiguë et même incohérente. Toute sa vie est sacerdotale et pastorale parce que tout entière vouée à une sainteté marquée par l'onction sacerdotale, commandée par

1. Jean-Paul II, *Récollection aux prêtres et séminaristes à Ars*, n° 5.

le caractère baptismal et le caractère sacerdotal. La sainteté pour un prêtre n'est pas seulement souhaitable. Elle est une nécessité vitale pour lui et pour le peuple de Dieu.

Saint Grégoire : **Le Pastoral** *(extraits)*

Ceux qui ne font pas passer dans leur vie
les vérités qu'ils ont apprises dans la prière
ne doivent pas se charger des fonctions de pasteurs.

On rencontre des hommes qui font preuve d'un travail intelligent dans l'étude sérieuse des choses spirituelles, mais qui foulent aux pieds par leur vie les vérités que leur esprit approfondit. Ils prêchent tout de go des choses qu'ils ont acquises non par la pratique mais par la seule réflexion intellectuelle ; et ce que publient leurs paroles ils le démentent par leurs actes. D'où il arrive que, le pasteur allant par des voies périlleuses, son troupeau le suit vers l'abîme. Aussi, par son prophète, Dieu condamne-t-il la science méprisable de ces pasteurs en disant : « Quand vous-mêmes aviez bu une eau des plus limpides, vous troubliez le reste avec vos pieds ; et mes brebis devaient paître ce que vos pieds avaient foulé, et boire ce que vos pieds avaient troublé » (Ez 34, 18-19). Les pasteurs, en effet, boivent l'eau la plus limpide quand, avec compétence, ils puisent directement aux sources de la vérité. Mais c'est troubler cette eau avec les pieds que de corrompre, en vivant mal, les fruits de la méditation des choses saintes. Et les brebis boivent effectivement l'eau qu'ont troublée les pieds de leurs pasteurs : parce que les fidèles ne suivent pas les paroles qu'ils entendent, mais copient plutôt les exemples de dépravation qu'ils constatent. Ils ont soif des paroles ; mais parce que celles-ci se trouvent être perverties par des actes, les fidèles ne puisent à ces sources corrompues que de la boue mêlée à leur breuvage.

C'est pourquoi un prophète a écrit : « Les mauvais prêtres sont un piège destructeur pour mon peuple » (Os 5, 1). Et le Seigneur, par le même envoyé, dit encore de ces prêtres : « Ils sont devenus pour la maison d'Israël un scandale d'iniquité » (Ez 44, 12). Nul, en effet, ne fait plus de mal dans l'Église qu'un homme qui, se conduisant d'une manière indigne, a une renommée de sainteté ou occupe une charge sainte. Car personne n'ose dénoncer l'infamie d'un tel coupable ; et c'est avec intensité que le crime s'étale en exemple, quand son auteur est honoré à raison du respect dû à la fonction qu'il occupe. Des hommes si indignes fuiraient le poids écrasant d'une telle faute si leur âme prêtait une attention anxieuse à cette sentence de la vérité : « Celui qui scandalisera un de ces petits qui croient en moi, il vaudrait mieux pour lui qu'on lui attachât au cou la meule qu'un âne tourne, et qu'on le précipitât au fond de la mer. » Or, « la meule que tourne un âne » désigne le labeur et les voies tortueuses de la vie mondaine ; quant au « fond de la mer », il signifie la suprême damnation. Pour celui-là donc qui est descendu jusqu'à feindre la sainteté, ou qui, soit en paroles soit en exemples, est cause de la perte d'autrui, il aurait certes mieux valu qu'une vie de péché l'eût, sous l'habit séculier, enchaîné à la mort, plutôt que de le voir exhibé en modèle de péchés pour les autres, du fait des fonctions sacrées qu'il exerce. Car si du moins il se fût perdu seul, la torture de son enfer lui eût été moins grave[1] *!*

De la lourde charge du ministère pastoral ;
et qu'il faut mépriser l'adversité
et craindre la prospérité.

Nous avons annoncé brièvement que nous ferions voir combien est lourd le poids de la charge du pasteur. Nous voulons éviter que ceux qui seraient incapables de la porter ne se risquent à la profaner, et que, par la convoitise de cette dignité, ils ne deviennent des chefs de perdition. C'était la barrière que saintement posait l'apôtre Jacques quand il disait : « Mes frères, qu'il n'y en ait pas tant parmi vous qui s'érigent en docteurs » (Jc 3, 1). Ainsi, le Médiateur même entre Dieu et les hommes, dont la science et la sagesse surpassent celles des esprits célestes, et qui avant les siècles règne dans les cieux, refusa-t-il d'être roi ici-bas. Il est écrit, en effet : « Sachant donc qu'ils allaient venir l'enlever pour le faire roi, Jésus se retira de nouveau seul sur la montagne » (Jn 6, 15). Et pourtant, qui aurait pu sans la moindre imperfection gouverner mieux les hommes, sinon celui qui aurait eu à conduire ceux qu'il avait lui-même créés ? Mais parce qu'il était venu dans la chair non seulement afin de nous racheter par sa mort mais pour nous instruire encore par sa vie, il ne voulut pas – donnant ainsi l'exemple à ses disciples – qu'on fasse de lui un roi, mais il alla librement au gibet de la Croix. Il repoussa la gloire

1. Saint Grégoire le Grand, *Le Pastoral*, éd. de l'abbé Joseph Boutet, Bruges-Paris, 1928, I, 2.

du pouvoir souverain qui lui était offerte et préféra la peine d'une mort infâme pour que ses membres apprennent nettement à fuir les faveurs du monde, à aimer les adversités endurées à cause de la vérité, et à s'écarter avec crainte de la prospérité : car souvent celle-ci souille le cœur par l'orgueil, tandis que la souffrance le purifie par la douleur.

Au milieu des adversités l'âme s'élève ; tandis qu'au sein de la prospérité elle s'abat au moment même où elle se dresse. Dans le succès l'homme s'oublie lui-même ; mais dans l'épreuve il est contraint, même malgré lui, à faire un retour sur soi-même. Lorsque tout réussit, trop souvent les bonnes œuvres [...] dépérissent, tandis que, quand on souffre, même les fautes du temps ancien s'expient. Car, bien souvent, à l'école de l'échec le cœur demeure juste. Au contraire, celui qui atteint un grand pouvoir risque de tourner à l'orgueil enivré par la possession de la gloire[1].

Que le pasteur ait compassion de chacune de ses brebis en particulier, et qu'il soit élevé en contemplation au-dessus de tous les fidèles.

Que le pasteur ait compassion de chacune de ses brebis en particulier, et qu'il soit élevé en contemplation au-dessus de tous les fidèles, afin qu'avec des entrailles de miséricorde il prenne sur lui l'infirmité des autres, et que, par la sublimité de la contemplation, il s'élève au-dessus de lui-même dans un désir ardent des réalités invisibles. De telle façon qu'en poursuivant les choses célestes il ne fasse jamais abstraction

1. *Ibid.*

des nécessités du prochain, et qu'il ne perde pas non plus le goût des hauteurs en descendant s'occuper des besoins matériels de ses frères. […] [L'apôtre Paul,] rattaché par le lien de la charité aux choses du ciel en même temps qu'à celles de la terre, est tout à la fois irrésistiblement emporté par l'action de l'Esprit vers les réalités sublimes, et, par bonté, se fait doucement faible à l'égard d'autrui. C'est bien en effet dans de tels sentiments qu'il écrit : « Qui est faible que je ne sois faible aussi ? Qui vient à tomber sans qu'un feu me dévore ? » (2 Co 11, 29). Et de nouveau il prononce ces paroles : « Avec les Juifs j'ai été comme juif » (1 Co 9, 20). Et de cela il fournissait la preuve non en minimisant la foi, mais en dilatant la miséricorde ; s'identifiant en lui-même avec la personne des infidèles, afin d'apprendre par sa propre expérience de quelle façon il pourrait compatir aux besoins des autres et se dévouer à eux de la manière dont lui-même eût souhaité qu'on se dévouât pour lui s'il eût été à leur place. C'est pourquoi il ajoute : « Si nous sommes hors de sens, c'est pour Dieu ; si nous sommes de sens rassis, c'est pour vous » (2 Co 5, 13). Il avait en effet, dans la contemplation, fait l'expérience d'être ravi hors de lui-même et, en s'abaissant au niveau de ceux qui l'écoutaient, appris à redevenir lui-même. […] Ainsi celui que la contemplation a ravi à l'intérieur du sanctuaire est, au-dehors, rempli d'activité pour les affaires temporelles des plus faibles. Dans le tabernacle il contemple les mystères de Dieu, à l'extérieur il porte le fardeau des choses humaines. Moïse aussi, dans les affaires douteuses, avait invariablement recours au tabernacle et prenait conseil du Seigneur en présence de l'arche d'alliance, donnant ainsi sans aucun doute un exemple aux chefs des Églises, afin que, quand ceux-ci hésitent sur une décision qu'ils ont publiquement à prendre, ils rentrent en eux-mêmes comme dans un tabernacle, et demandent avis au Seigneur devant l'arche d'alliance en méditant intérieurement, à propos des résolutions où ils doutent, les pages de la parole sacrée[1].

Méditation

Le Pape saint Grégoire nous donne donc un remède contre l'hypocrisie sacerdotale, cette attitude qui consiste à agir en contradiction avec l'être. Il nous propose trois moyens. D'abord, mépriser l'adversité et craindre la prospérité. Je traduirais cela ainsi : refuser de conformer notre jugement aux critères du monde. Puisque le prêtre est soustrait aux liens du monde et donné totalement à Dieu, il doit résolument quitter le monde tout en restant dans le monde. C'est ce à quoi saint Jean nous exhorte dans sa première Lettre, lorsqu'il dit : « Je vous ai écrit, jeunes gens, parce que vous êtes forts, que la parole de Dieu demeure en vous et que vous avez vaincu le Mauvais. N'aimez ni le monde ni ce qui est dans le monde. Si quelqu'un aime le monde, l'amour du Père n'est pas en lui » (1 Jn 2, 14-15).

Le monde que nous ne devons pas aimer, nous, prêtres jeunes et plus anciens, et auquel nous ne devons pas nous conformer, n'est pas, nous le savons bien, le monde créé et aimé par Dieu. Ce ne sont

1. Saint Grégoire le Grand, *op. cit.*, II, 5.

pas non plus les personnes du monde vers lesquelles, au contraire, nous devons toujours aller – surtout les pauvres et les derniers des pauvres – pour leur annoncer l'Évangile de Jésus-Christ, pour les aimer et les servir humblement et généreusement… Non ! Le monde à ne pas aimer est un autre monde ; c'est le monde tel qu'il est devenu sous la domination de Satan et du péché, le monde des idéologies qui s'opposent frontalement à Dieu, nient la nature humaine et ses lois, détruisent les vies humaines, les mutilent et démolissent les principes moraux, la famille et les sociétés. C'est ce que nous appelons l'adaptation à l'esprit du temps, le conformisme, le consensus. Un grand poète britannique du siècle dernier, Thomas Stearns Eliot, a écrit trois vers qui en disent davantage que des livres entiers : « Dans un monde de fugitifs, celui qui prend la direction opposée aura l'air d'un déserteur. »

Chers jeunes prêtres, et vous les plus anciens dans le sacerdoce, permettez que je vous redise avec saint Jean : « Vous avez vaincu le Mauvais ! » Soyez de ceux qui prennent la direction opposée. Osez aller à contre-courant de nos sociétés en décadence. Pour nous chrétiens, la direction opposée n'est pas un lieu. C'est une Personne : c'est Jésus-Christ, Notre-Seigneur, notre Dieu et notre Rédempteur. Le seul et unique Rédempteur du monde. Suivez-Le, Il est l'unique chemin qui vous conduit vers le Père et la pleine réalisation de votre sacerdoce. Cela exige que vous acceptiez de porter la Croix et que vous assumiez sereinement l'échec et le mépris du monde.

Cela exige que vous rejetiez tout succès mondain et toute popularité médiatique.

Pour les mondains, le succès, la popularité médiatique, sont le gage de la réussite. Pour le prêtre, l'épreuve, la Croix sont la garantie que l'on est sur le bon chemin : celui du Christ. Le succès mondain enferme l'âme dans la gloire séculière. Le cœur s'y englue. Il devient prisonnier. Il perd tout courage prophétique. On craint d'être critiqué par les médias. Alors pour être bien vu par eux et être tranquille, on adopte leur langage, on se soumet à leurs idéologies. On se met à censurer ou à diluer la Parole de Dieu sous prétexte que si nous la transmettions telle qu'elle est sortie de la bouche de Dieu, elle ne passerait pas, ou ne serait pas acceptée. On vit dans la crainte d'être traités de fanatiques, d'intransigeants, de rigoureux, avec le risque d'être détestés et rejetés. Le prêtre devient alors un « communicant » au service d'une idéologie. Sachons pourtant que nous ne sommes pas là seulement pour être aimés, mais pour aimer. Nous ne sommes pas là pour être approuvés, mais pour proclamer la vérité. Nous ne sommes pas là pour être populaires, mais pour servir. Si nous voulons être approuvés, si nous cherchons à être populaires, nous serons entraînés à ne plus voir clair et à ne plus savoir dire ce qu'il serait de notre devoir de dire. Il nous faut proclamer à temps et à contretemps la vérité que sont Jésus-Christ et son Évangile, que cela plaise ou provoque le rejet et attire sur nous la haine, la persécution et le martyre. C'est la recommandation que Dieu nous adresse lorsqu'il nous dit :

« Fils d'homme, je t'envoie vers les Israélites, vers les rebelles qui se sont rebellés contre moi. Eux et leurs pères se sont révoltés contre moi jusqu'à ce jour. [...] Je t'envoie vers eux pour leur dire : "Ainsi parle le Seigneur Yahvé." Qu'ils écoutent ou qu'ils n'écoutent pas, c'est une engeance de rebelles, ils sauront qu'il y a un prophète parmi eux » (Ez 2, 3-5). Ce n'est pas d'aujourd'hui que la vérité est gênante. Les témoins de la vérité ont toujours irrité les orgueilleux, les habiles ou les sceptiques. C'est pourquoi on a jadis éliminé Socrate, les prophètes d'Israël, Jean-Baptiste, le Précurseur, et Jésus le Sauveur lui-même, en lui faisant subir le supplice le plus horrible, le supplice de la Croix. Ce n'est pas l'acclamation du peuple qui fera venir le Royaume de Dieu, mais l'accueil fait au Père des Cieux.

Le ministère et l'enseignement de Jésus témoignent qu'il a été envoyé par le Père. Lui ouvrir nos vies, c'est passer de la connaissance de ce qu'il a dit et fait à l'accueil de la Foi et à l'adhésion sincère à sa Parole de Vie. En nos temps où, sur les réseaux sociaux, on compte sans cesse le nombre de personnes qui s'abonnent ou apprécient nos publications, le danger est grand de chercher le succès plus que la Croix.

Le vendredi saint, Jésus était très impopulaire. Tous hurlaient : « À mort cet homme... Crucifie-le, crucifie-le ! » Ils le crucifièrent au lieu-dit Golgotha. Et c'est au Golgotha, qu'il était pleinement prêtre. Jésus, le Prêtre Souverain, atteint le sommet de son sacerdoce couvert de crachats, d'humiliation, d'injures et le visage tuméfié, seul, abandonné sur la Croix, et non dans les Hosanna du dimanche des Rameaux. Souvenons-nous de cela quand nous jugeons nos vies de prêtres ! Souvenons-nous, insiste saint Grégoire, que Jésus « repoussa la gloire du pouvoir souverain qui lui était offerte, et préféra la peine d'une mort infâme pour que ses membres apprennent nettement à fuir les faveurs du monde, à aimer les adversités endurées à cause de la vérité, et à s'écarter avec crainte de la prospérité ; car souvent celle-ci souille le cœur par l'orgueil, tandis que la souffrance le purifie par la douleur ».

Le deuxième grand moyen que nous donne saint Grégoire est d'ouvrir notre cœur à la compassion : « Par bonté, se [faire] doucement faible à l'égard d'autrui. » C'est ainsi que saint Paul écrit : « Qui est faible que je ne sois faible ? Qui vient à tomber, qu'un feu ne me brûle ? » (2 Co 11, 29). L'Épître aux Hébreux affirme que nous avons un Grand Prêtre, le Christ, qui est capable de compatir à nos misères. « Tout Grand Prêtre, en effet, pris d'entre les hommes, est établi pour intervenir en faveur des hommes dans leurs relations avec Dieu, afin d'offrir dons et sacrifices pour les péchés. Il peut ressentir de la commisération pour les ignorants et les égarés, puisqu'il est lui-même également enveloppé de faiblesse » (He 5, 1-2). Rendre présent le Christ-prêtre, c'est rendre présent ce cœur capable de s'ouvrir à la souffrance des autres. Le cœur du prêtre doit souffrir avec ceux qui souffrent. Il doit se charger de cette souffrance, pleurer avec ceux qui pleurent.

Nous savons bien que le prêtre est celui que l'on vient voir quand on a épuisé toutes les autres voies. En lui, tous doivent être certains de trouver toujours un cœur qui écoute, un homme jamais indifférent. Parfois, le prêtre n'est pas en mesure de faire l'aumône, ni de trouver une solution aux problèmes qu'on lui expose. Mais il peut toujours écouter, compatir, aimer et prier. Il est l'ami universel et bienveillant.

Rendre notre cœur « doucement faible », comme dit saint Grégoire, ne consiste en rien en une compromission ou un amoindrissement de la vérité. Le grand Pape saint Grégoire l'explique : le prêtre doit agir « non en minimisant la foi, mais en dilatant la miséricorde, s'identifiant en lui-même avec la personne des infidèles afin d'apprendre par sa propre expérience de quelle façon il pourrait compatir aux besoins des autres ». C'est en effet une question d'expérience. Chaque prêtre doit se charger de la souffrance des incroyants désespérés, des pères de famille humiliés, des mères épuisées, des enfants désorientés. Les écouter avec un cœur ouvert, c'est faire l'expérience de leur propre souffrance.

Pour quoi faire ? me direz-vous. Pour offrir cette souffrance au Père des miséricordes, pour prier, offrir sur la patène à l'offertoire la souffrance du monde, pour qu'elle monte jusqu'au cœur de la Trinité où réside le seul vrai bonheur. Le prêtre a cette charge d'accueillir la souffrance pour la faire monter vers le cœur du Père et de transmettre l'amour de Dieu vers le cœur des pauvres. Il est médiateur de la souffrance et de l'amour.

Cela suppose un troisième antidote à l'hypocrisie : l'aller-retour incessant de la prière à l'action. Il ne s'agit pas seulement de garder des temps de prière. Cela est nécessaire mais pas suffisant. Il s'agit, au cœur même de chaque action, de chaque rencontre, d'entrer régulièrement dans l'intimité du cœur où Dieu réside. Comme dit encore saint Grégoire : « Dans le tabernacle, le prêtre contemple les mystères de Dieu, à l'extérieur il porte le fardeau des choses humaines. Moïse aussi, dans les affaires douteuses, avait invariablement recours au tabernacle et prenait conseil du Seigneur en présence de l'arche d'alliance, donnant ainsi sans aucun doute un exemple aux chefs des Églises ; afin que, quand ceux-ci hésitent sur une décision qu'ils ont publiquement à prendre, ils rentrent en eux-mêmes comme dans un tabernacle, et demandent avis au Seigneur devant l'arche d'alliance en méditant intérieurement, à propos des résolutions où ils doutent, les pages de la parole sacrée. » Ainsi, une fois la décision prise en présence et avec le Seigneur, l'action doit devenir, elle aussi, prière incessante. Alors même que le prêtre écoute, console ou bénit, au rythme des battements de son cœur, s'élève vers Dieu une prière tout intérieure.

III

Le prêtre : rien et tout

À partir d'une méditation
de saint Jean Chrysostome

Introduction

On attribue à saint Norbert cette sentence : « Ô prêtre, qui es-tu ? Tu n'es pas par toi, puisque tu n'es de rien. Tu n'es pas pour toi, puisque tu es médiateur des hommes. Tu n'es pas à toi, puisque tu es l'époux de l'Église. Tu n'es pas tien, puisque tu es le serviteur de tous. Tu n'es pas toi, puisque tu es Dieu. Qui es-tu donc ? Rien et tout. » Ces mots disent bien le mystère du sacerdoce. On demande à un prêtre de connaître pauvres et riches, malades et puissants, d'être proche des personnalités appartenant à la noblesse et des personnes d'humble origine sociale. On requiert de lui qu'il sache guider, enseigner, sanctifier. On attend de lui qu'il conseille les époux, les chefs d'entreprise, qu'il soit plein de compassion pour ceux qui souffrent et que tous les jours, il monte à l'autel renouveler le sacrifice du Calvaire. On attend du prêtre qu'il sache « comment se comporter dans la maison de Dieu – je veux dire l'Église du Dieu vivant –, colonne et support de la vérité » (1 Tm 3, 15). Pour rien au monde, le prêtre ne doit taire la vérité. Car comme Jésus, il doit pouvoir dire : « Je ne suis né, et je ne suis venu dans le monde, que pour rendre témoignage à la vérité. Quiconque est de la vérité écoute ma voix » (Jn 18, 37). Beaucoup, aujourd'hui, demandent à l'Église, au nom de la paix et de l'harmonie sociales, de taire les vérités de la foi chrétienne lorsqu'elle intervient publiquement. De même, cette paix est utilisée pour justifier l'inaction et le silence coupables des pasteurs face à ceux qui mettent en danger l'unité même de l'Église et dénaturent son enseignement. Dans la lettre encyclique *Caritas in veritate* de Benoît XVI, nous lisons : « L'amour dans la vérité (*caritas in veritate*), dont Jésus s'est fait le témoin dans sa vie terrestre et surtout par sa mort et sa résurrection, est la force dynamique essentielle du vrai développement de chaque personne et de l'humanité tout entière. [...] De là découle la nécessité de conjuguer l'amour avec la vérité, non seulement selon la direction indiquée par saint Paul : celle de la "*veritas in caritate*" (Ep 4, 15), mais aussi dans celle, inverse et complémentaire, de la "*caritas in veritate*". La vérité doit être cherchée, découverte et exprimée dans l'"économie" de l'Amour, mais l'Amour à son tour doit être compris, vérifié et pratiqué à la lumière de la vérité[1]. »

La vérité passe avant tout. Car si la paix est un effet de la charité et de l'amour, peut-il y avoir une paix

1. Benoît XVI, *Caritas in veritate*, n° 1 et 2.

authentique là où la vérité est niée ? Il me semble que nous devrions sans hésitation faire nôtre ce qu'écrit Blaise Pascal :

« Comme la paix dans les États n'a pour objet que de conserver les biens des peuples en assurance, de même la paix dans l'Église n'a pour objet que de conserver en assurance la vérité qui est son bien, et le trésor où est son cœur. Et comme ce serait aller contre la fin de la paix que de laisser entrer les étrangers dans un État pour le piller, sans s'y opposer, de crainte d'en troubler le repos (parce que la paix n'étant juste et utile que pour la sûreté du bien elle devient injuste et pernicieuse, quand elle le laisse perdre, et la guerre qui le peut défendre devient et juste et nécessaire), de même, dans l'Église, quand la vérité est offensée par les ennemis de la foi, quand on veut l'arracher du cœur des fidèles pour y faire régner l'erreur, de demeurer en paix alors, serait-ce servir l'Église, ou la trahir ? Serait-ce la défendre ou la ruiner ? Et n'est-il pas visible que, comme c'est un crime de troubler la paix où la vérité règne, c'est aussi un crime de demeurer en paix quand on détruit la vérité ? Il y a donc un temps où la paix est juste et un autre où elle est injuste. Et il est écrit qu'*il y a temps de paix et temps de guerre*, et c'est l'intérêt de la vérité qui les discerne. Mais il n'y a pas temps de vérité et temps d'erreur, et il est écrit, au contraire, que *la vérité de Dieu demeure éternellement*. Et c'est pourquoi Jésus-Christ, qui dit qu'il est venu apporter la paix, dit aussi qu'il est venu apporter la guerre ; mais il ne dit pas qu'il est venu apporter et la vérité et le mensonge. La vérité est donc la première règle et la dernière fin des choses[1]. »

Oui, on attend du prêtre qu'il soit un artisan de paix, un homme de Dieu et donc un témoin de la vérité.

Saint Jean Chrysostome,
Dialogue sur le sacerdoce *(VI, 4)*

Les prêtres sont le sel de la terre ; mais qui supporterait facilement notre sottise et notre manque d'expérience en toutes choses, sinon vous qui êtes habitués à nous aimer de façon exagérée ? En effet, il faut non seulement qu'il soit pur pour être jugé digne d'un tel service, mais encore qu'il soit très averti et qu'il possède une expérience étendue. Il ne doit pas moins connaître les choses de la vie que ceux qui vivent dans le monde, mais il doit se tenir éloigné de toutes ces choses plus que les moines qui ont gagné les montagnes. Comme il lui faut vivre en compagnie d'hommes qui ont une femme, qui élèvent des enfants, qui donnent des ordres à des serviteurs, qui sont environnés de grandes richesses, qui gèrent les affaires de l'État, qui ont des charges importantes, il faut qu'il soit divers. Divers, je ne dis pas trompeur, ni flatteur, ni hypocrite, mais plein de liberté et de confiance, sachant se mettre à la portée des autres de façon efficace lorsque les circonstances l'exigent, être à la fois bon et sans complaisance. En effet, il n'est pas possible de traiter de la même manière tous ceux qu'on a sous son autorité,

1. Blaise Pascal, Pensée 771, *Pensées*, édition Sellier, Paris, Le Livre de Poche, 2000.

puisqu'il ne convient pas non plus que les médecins appliquent un seul traitement à leurs malades, ni que le pilote ne connaisse qu'un seul moyen de lutter contre les vents ; car des tempêtes constantes assiègent ce vaisseau et ces tempêtes ne viennent pas seulement de l'extérieur, mais elles s'élèvent de l'intérieur ; elles exigent beaucoup de souplesse et de perspicacité. Toutes ces choses différentes n'ont qu'un but : la gloire de Dieu et l'édification de l'Église. [...]

Mais si l'on examinait les rapports avec Dieu, on trouvera que ces difficultés ne sont rien, tant il faut dans ce domaine un zèle plus grand et plus attentif. Un homme qui est l'ambassadeur d'une ville entière, que dis-je d'une ville ? De toute la terre et qui prie Dieu d'être indulgent aux fautes de tous, non seulement des vivants, mais encore de ceux qui sont partis, quel doit-il être ? Quant à moi, je pense que la confiance de Moïse et celle d'Élie ne suffisent pas pour une telle supplication. En effet, comme s'il avait la charge du monde entier et s'il était lui-même le père de tous, ainsi il s'avance devant Dieu, le priant d'éteindre partout les guerres, de mettre fin aux troubles, demandant la paix, l'abondance et une délivrance rapide de tous les maux qui menacent chacun dans le domaine privé et en public. Autant il faut qu'il soit excellent en toutes choses plus encore que ceux pour lesquels il prie, autant il convient que celui qui est à la tête de la communauté soit encore meilleur que ceux qui forment la communauté. Alors qu'il appelle l'Esprit-Saint, qu'il accomplit le sacrifice qui inspire une immense crainte, qu'il est en rapport constant avec le maître commun de tous, où le placerons-nous ? Dis-moi. Quelle pureté et quelle piété exigerons-nous de lui ? Imagine, en effet, quelles doivent être les mains qui accomplissent un tel service, quelle doit être la langue qui exprime de telles paroles ; sur qui ne doit-elle pas l'emporter en pureté et en sainteté l'âme qui va recevoir cet Esprit ? Alors, les anges se tiennent autour du prêtre et le lieu sacré d'où sont proclamées les lectures et tout l'espace autour de l'autel sont remplis de puissances célestes en l'honneur de celui qui est là. Ce qui s'accomplit alors suffit à emporter la conviction.

Et toi, ne trembles-tu donc pas en amenant à la célébration de mystères aussi saints une âme telle que la mienne, en élevant au rang des prêtres celui qui est revêtu de vêtements malpropres, celui que le Christ a chassé du chœur des invités ? Il faut que l'âme du prêtre brille à la manière d'un flambeau qui éclaire la terre tout entière ; la nôtre est enveloppée d'une telle ombre provenant d'une mauvaise conscience qu'elle y est sans cesse plongée et qu'elle ne peut plus lever avec confiance les yeux vers son maître[1].

Méditation

Qui oserait dire : je suis prêt à tout cela ? Qui pourra dire : je suis à la hauteur ? « Que c'est effrayant d'être prêtre ! [...] Le prêtre est un homme qui tient la place de Dieu, un homme qui est revêtu de tous les pouvoirs de Dieu », disait le curé d'Ars[2]. La crainte

1. Saint Jean Chrysostome, *Dialogue sur le sacerdoce*, traduction d'Anne-Marie Malingrey, dans *Sources chrétiennes*, n° 272, Paris, 1980.
2. Bernard Nodet, *Jean-Marie Vianney, curé d'Ars. Sa pensée, son cœur*, Paris, éditions du Cerf, 2006, p. 99.

est certainement nécessaire au prêtre. Non pas la crainte servile, la peur de Dieu, la peur du regard des autres : ce sentiment immature rend esclave. Il manifeste un orgueil secret, comme si on refusait que la vérité vienne dévoiler notre faiblesse véritable. La crainte nécessaire au prêtre est la crainte filiale et joyeuse. Celle qui, fondée dans un paisible réalisme sur nos limites, nous fait trembler de stupeur et de reconnaissance devant le don que Dieu fait. Le prêtre doit chaque jour s'émerveiller : le Christ veut se continuer aujourd'hui par moi, si pauvre, si indigne, si insuffisant. Sans ce tremblement reconnaissant et adorant devant la grandeur du don nous risquons de nous approprier notre vocation. Il n'y aurait rien de pire. Ce serait la porte ouverte à tous les abus. Mais pour demeurer dans cette crainte salutaire, il convient de sans cesse considérer la grandeur du don. Banaliser le sacerdoce serait une fausse route. Vouloir faire du prêtre un homme comme les autres serait une énorme erreur. Dans de nombreux pays, les chrétiens ont la coutume d'embrasser les mains du prêtre le jour de son ordination. Pourquoi vénérer ses mains ? Quel prêtre serait assez fou pour croire que ce serait ainsi sa personnalité qui serait vénérée ? Dans ce geste inspiré par l'intuition du peuple de Dieu, son *sensus fidei*, c'est le Christ qui est vénéré, pas le prêtre, et à travers ses mains tout juste ointes par le Saint Chrême, celles transpercées du Christ crucifié.

Les évêques savent bien cela. Durant la liturgie, on multiplie envers eux les signes de respect et de vénération. Est-ce parce qu'ils sont saints ou princes de l'Église ? Nullement. Ces gestes sont adressés au Bon Pasteur qui, en eux, préside à la liturgie. C'est pourquoi lorsqu'ils président la liturgie au nom du Christ, ils doivent avoir un comportement plein de noblesse, digne, grand, humble et petit en même temps. Ils doivent s'effacer devant le Grand Prêtre Jésus-Christ, pour que ce soit Lui qui apparaisse, et non pas eux. Ce n'est pas un progrès ou un signe de simplicité pour un évêque ou un prêtre que de tomber dans le piège grossier de la banalité, de la médiocrité, du superficiel ou d'une dégoûtante vulgarité. C'est peut-être pour cela qu'il est bon que le prêtre disparaisse sous les vêtements liturgiques, que la chasuble et l'aube recouvrent entièrement son corps. Pour que tous sachent bien que l'on n'attend pas d'un prêtre qu'il impose une personnalité singulière et brillante, mais qu'il laisse transparaître le Christ Jésus.

Faudrait-il pour autant qu'il n'ait aucune personnalité et en vienne à nier son humanité ? Il doit au contraire la faire grandir, l'assumer avec équilibre pour la conformer en profondeur au cœur du Christ. On ne demande pas au prêtre d'être insipide, mais de laisser le Christ prendre possession de ses dons, de sa personnalité, de son tempérament. Un violon, pour être un bon instrument entre les mains de l'artiste, doit être bien accordé. De même, le prêtre doit travailler à l'épanouissement ordonné et équilibré des vertus humaines et morales pour être un bon instrument entre les mains de l'artiste divin.

Il ne doit donc pas avoir peur de sa personnalité humaine, ni des talents que le créateur y a inscrits.

De même doit-il sans cesse travailler à sa compétence en théologie, en exégèse, en morale, en spiritualité, en droit canon et en histoire ecclésiastique. Il lui faut travailler, car être un instrument ne signifie jamais négliger notre part. Il me semble que les prêtres devraient chaque mois se réunir autour de Celui qui est le Chemin, la Vérité et la Vie – Jésus-Christ –, pour travailler ensemble un point de morale ou de pastorale. Chaque année, il devrait se donner quelques jours pour approfondir un point de théologie ou lire un enseignement du magistère. Sans ce travail, on risque de devenir moins souple dans les mains de Dieu. Sans ce travail, comment les homélies seraient-elles nourrissantes pour les fidèles ? On demande au Saint-Esprit sa lumière, certes, mais sans notre labeur, on le contraint à faire pour nous des miracles. Les fidèles ont le droit d'être exigeants. Ils ont le droit et le devoir de reprendre fraternellement le prêtre qui ne serait pas exactement fidèle à l'enseignement de l'Église. Les chrétiens ont droit à une nourriture saine, consistante et riche pour l'épanouissement de leur vie spirituelle et humaine.

Plus un prêtre travaille et se forme, plus il aura conscience qu'il n'est pas le maître de sa science et de sa compétence, mais le dépositaire indigne de la Révélation du Dieu Très-Haut. Plus il entrera dans cette certitude, plus il sera comblé de joie devant la beauté de sa vocation.

IV

Prêtre, qui es-tu ?

À partir d'une méditation de saint Jean-Paul II

Introduction

Avant toute chose, il nous faut comprendre qui est le prêtre. Nous ne le savons plus. Bien des prêtres hésitent sur leur identité. De nombreux fidèles attendent de leur prêtre autre chose que ce qu'il est. Il n'est pas question ici de se lancer dans un grand traité théologique. Qui pouvait répondre à notre question ? Fallait-il s'adresser à un spécialiste, un théologien de métier, un professeur ? Mais comment alors ne pas être prisonnier d'une école, d'une opinion, d'une mode ou des tendances idéologiques et politiques du moment ?

Selon un manuscrit allemand, « un prêtre doit être à la fois grand et petit, noble d'esprit, comme de sang royal, simple et naturel, comme de souche paysanne ; un héros à la conquête de soi, un homme qui s'est battu avec Dieu ; une source de sanctification, un pécheur que Dieu a pardonné. De ses désirs le maître, un serviteur pour les timides et les faibles, qui ne s'abaisse pas devant les puissants mais se courbe devant les pauvres. Disciple de son Seigneur, chef de son troupeau. Un mendiant aux mains largement ouvertes, un porteur de dons innombrables ; un homme sur le champ de bataille, une mère pour réconforter les malades. Avec la sagesse de l'âge et la confiance d'un enfant, tendu vers le Haut, les pieds sur terre ; fait pour la joie, connaissant la souffrance, loin de toute envie ; clairvoyant, parlant avec franchise ; un ami de la paix, un ennemi de l'inertie, constant à jamais, si différent de moi ! ».

Le sacerdoce ne saurait sans cesse être redéfini selon l'humeur du temps ou selon les besoins pastoraux, régionaux ou culturels. Qui donc peut nous dire qui est le prêtre pour Dieu ? L'Église seule le peut. Depuis toujours, elle enseigne, clarifie et définit. Elle dit à ses prêtres qui ils sont. Elle dit au peuple de Dieu qui sont ses pasteurs. Cette longue chaîne ininterrompue d'enseignements, de textes et d'homélies part de Jésus et aboutit au magistère contemporain. Par cette chaîne, nous donnons la main au Christ lui-même. Cette transmission ininterrompue a un nom : la Tradition vivante. L'Église transmet l'enseignement de Jésus en le clarifiant, en l'approfondissant. À travers la vie des chrétiens, elle comprend toujours plus profondément ce qu'elle doit transmettre. C'est pourquoi cette tradition est vivante, elle grandit et se renouvelle sans cesse pour nous donner toujours plus de lumière sur ce qu'elle a reçu en dépôt, qui ne change pas et ne changera jamais.

Que nous dit la Tradition sur le prêtre ? La dernière grande lumière que l'Église nous a donnée a été le concile Vatican II. Elle y a approfondi son enseignement sur l'identité sacerdotale. Elle a voulu porter un regard contemplatif et spirituel sur tout le peuple de Dieu. Dans *Lumen gentium*, elle a mis en lumière la complémentarité profonde et nécessaire entre les états de vie des baptisés : l'état de vie des laïcs, l'état de vie des prêtres et l'état de vie des religieux. Saint Paul VI avait demandé que l'on approfondisse l'identité propre de ces trois états de vie pour s'approprier plus profondément l'enseignement du concile Vatican II. Cela a été l'objet de trois synodes qui ont donné lieu à trois exhortations apostoliques de saint Jean-Paul II : *Christifideles laici*, sur la vocation et la mission des laïcs dans l'Église et dans le monde (30 décembre 1988) ; *Pastores dabo vobis*, sur la formation des prêtres dans les circonstances actuelles (25 mars 1992) ; *Vita consecrata*, sur la vie consacrée et sa mission dans l'Église et dans le monde (25 mars 1996). Cette réflexion a été complétée par la publication d'un document sur le mystère et le ministère de l'évêque, *Pastores gregis* (16 octobre 2003).

Il me semble que l'intuition majeure du concile revient à souligner que les trois états de vie s'enracinent dans le baptême. Ils sont donc trois modes, trois manières spécifiques de vivre le dynamisme baptismal, c'est-à-dire l'appel à la sainteté.

Autrefois, dans l'Ancienne Alliance, seuls les prêtres possédaient des habits sacrés qu'ils devaient revêtir pour les cérémonies (Ex 33, 23-33 ; Jl 3, 1-5 ;

Ac 2, 17 ; 21, 9 ; Ga 3, 27 ; 2 Co 1, 21). Saint Paul nous assure que ce privilège est désormais dépassé. Car, écrit-il aux Galates, « vous tous, baptisés dans le Christ, vous avez revêtu le Christ » (Ga 3, 27). Bien plus, tous les baptisés ont reçu l'onction, jadis réservée au seul Grand Prêtre. Seul celui-ci pouvait, une fois par an, pénétrer dans le saint des saints ; aujourd'hui, la foi en Jésus-Christ nous y donne à tous une libre entrée par Son Sang : « Ayant donc, frères, l'assurance voulue pour l'accès au sanctuaire par le sang de Jésus, par cette voie qu'il a inaugurée pour nous, nouvelle et vivante, à travers le voile – c'est-à-dire sa chair – et un prêtre souverain à la tête de la maison de Dieu, approchons-nous avec un cœur sincère, dans la plénitude de la foi, les cœurs nettoyés de toutes les souillures d'une conscience mauvaise et le corps lavé d'une eau pure » (He 10, 19-22). Tandis que seuls les descendants d'Aaron touchaient aux oblations saintes, l'unique corps sacerdotal de l'Église se nourrit de l'unique pain eucharistique. Mais si tous les baptisés ont revêtu le Christ, quelle est la spécificité du prêtre ?

On avait peut-être pu autrefois réduire le sacerdoce à la capacité à poser des actes au service de la vie des chrétiens. On avait pu oublier que la vie sacerdotale est une voie spécifique de sainteté, enracinée dans le baptême. Pour mieux souligner l'importance capitale des sacrements dans la vie de l'Église, on a parfois réduit le sacerdoce au pouvoir de consacrer l'Eucharistie et d'absoudre les péchés. Bien entendu, ces actes sont centraux dans la vie du prêtre. Bien entendu, ce pouvoir (au sens latin de *potestas*) est réel. Mais, à trop le souligner, le danger serait de réduire le sacerdoce à une fonction, à un « faire ». Or, le prêtre vaut d'abord par ce qu'il est et non par ce qu'il fait. Loin de nous donc l'idée de nier ou même de relativiser ce pouvoir spécifiquement sacerdotal de consacrer et d'absoudre. Mais nous ne pouvons réduire le prêtre à être un « distributeur de sacrements ».

Alors, qu'est-il en profondeur ? Quel est son être ? Son essence, sa définition ? Je crois que le concile nous donne une réponse très profonde que la théologie n'a pas encore assez approfondie. Il nous invite à considérer l'unité du sacrement de l'Ordre (diacres, prêtres et évêques) à partir de l'épiscopat. En effet, *Lumen gentium* affirme très clairement que dans l'épiscopat réside « la plénitude du sacerdoce », la « réalité totale du ministère sacré » (*sacri ministeri summa*). C'est donc vers la réalité sacramentelle de l'épiscopat qu'il faut regarder pour comprendre l'essence du sacrement de l'Ordre, pour comprendre ce que sont les prêtres. Or, la définition de l'épiscopat que nous donne le concile est très claire : en vertu du caractère sacré imprimé dans leur âme par le sacrement, « les évêques, d'une façon éminente et visible, tiennent la place du Christ lui-même Maître, Pasteur et Pontife, et agissent en sa personne. Ainsi donc en la personne des évêques assistés des prêtres, c'est le Seigneur Jésus-Christ, Pontife suprême, qui est présent au milieu des croyants[1] ».

Comme je voudrais que toute l'Église comprenne enfin cet enseignement majeur et définitif du concile !

1. Const. dogm. sur l'Église, *Lumen gentium*, n° 21.

Voilà la définition du prêtre, voilà son essence, son identité profonde ! Il est celui qui tient la place du Christ lui-même et agit en sa personne. J'ai souvent écrit que le prêtre est non seulement *alter Christus* mais *ipse Christus*. Certains me l'ont violemment reproché. L'expression *alter Christus* s'applique à tout chrétien baptisé dans le vocabulaire des Pères de l'Église, mais elle peut s'employer « à plus forte raison », disent saint Jean-Paul II et Benoît XVI, à propos du prêtre. Saint Jose-Maria Escriva va plus loin en affirmant que tout chrétien est par son baptême « *ipse Christus* ». Je voudrais clarifier les choses ici à partir du concile.

Le prêtre n'est pas un autre Christ, à côté du Christ. Il est le Christ lui-même se continuant sacramentellement. Configuré ontologiquement au Christ, il devient « sacrement du Christ lui-même », présent et agissant dans son ministère, nous enseigne le directoire *Apostolorum successores* (§ 12) publié en 2004. Comme le dit le concile, le prêtre tient la place du Christ et agit en sa personne *(in persona)*. Quand on dit que le prêtre est *ipse Christus*, il est évident que cela ne signifie pas qu'il est « le Verbe qui était auprès de Dieu » (cf. Jn 1, 1) ou qu'il serait comme une nouvelle incarnation. Ce serait manifestement faux et cela ouvrirait la porte à tous les abus. Cela ne signifie pas non plus que le prêtre, par son ordination, serait saint comme par magie. Nous savons bien que les prêtres ne sont pas tous des saints ! Je le sais en premier lieu et mon confesseur encore plus, puisqu'il connaît toutes mes misères et mes fatigues à tendre vers la sainteté.

Cette identification n'est pas d'ordre psychologique. On sait que des prêtres pédophiles ont parfois profondément perverti cette notion. Ils ont fait croire à leurs victimes que tout ce qu'ils demandaient était voulu par le Christ puisqu'ils étaient prêtres. Au contraire, l'identification au Christ, loin de créer une forme d'impunité psychologique, doit être une perpétuelle source d'exigence pour le prêtre. Il doit sans cesse se demander : ma vie est-elle conforme à celle du Christ ? Suis-je comme lui le serviteur de tous ?

Le concile explique clairement que la racine de cet être sacerdotal est le caractère sacré qu'imprime le sacrement. Ce caractère façonne notre âme. Il lui donne son identité. Il fonde l'état de vie du prêtre, c'est-à-dire la manière spécifique de vivre la sainteté baptismale. Pour un prêtre, il s'agira de tenir la place du Christ et d'agir non seulement en son nom mais en sa personne. Être prêtre, c'est rendre le Christ présent. Cela ne garantit pas ma sainteté ni ma compétence ! Mais c'est mon être, mon identité profonde et définitive dans l'Église. Le prêtre rend présent le Christ-prêtre, pasteur et époux de l'Église.

Quand le prêtre visite un malade, il rend présente auprès de ce membre souffrant de l'Église la personne du Christ-prêtre. Il se peut que lors de cette visite, il soit maladroit et moins compétent humainement qu'une religieuse ou un laïc mieux formé à cet exercice. Mais il est une chose qu'il est seul à pouvoir faire : rendre présent instrumentalement le Christ prêtre et pasteur auprès de ce malade. Cette présence culmine dans les actes sacramentels : don du Corps du Christ, absolution des péchés, onction avec l'huile sainte des malades. Cette présence est un être instrumental. Le Christ, prêtre et pasteur, veut avoir besoin de l'humanité du prêtre, identifiée à la sienne par le caractère sacramentel, pour se rendre présent. Toute la personne du prêtre devient un instrument du Christ. Il représente le Christ non pas comme un ambassadeur représente un chef d'État mais en le « re-présentant », en le rendant présent par sa personne qui devient une prolongation de l'humanité du Christ. C'est pourquoi le secret de la confession est absolu. Ce que le prêtre a entendu appartient au Christ seul. Un prêtre qui raconte les péchés qu'il entend au confessionnal commet un péché très grave, il insulte Dieu et les pénitents. L'évêque devrait lui retirer définitivement le droit de confesser, parce que ce faisant, il trahit le Christ, il ne s'identifie pas au Christ.

Le cardinal Lustiger aimait à rappeler aux prêtres : « Nous devons oser dire : nous sommes le Christ ! Voilà l'identité du prêtre : l'identité du Christ[1]. »

Chers chrétiens, quelle merveille ! Le prêtre n'est pas un intermédiaire, un écran entre le Christ et nous. Au contraire, à travers lui, à travers sa personne marquée par le caractère sacramentel, Jésus lui-même me touche, me bénit, me regarde et me parle ! Je suis en contact avec l'humanité de Jésus. Quand un prêtre fait le catéchisme à des enfants, il se peut qu'il soit maladroit. Bien souvent les laïcs, hommes ou femmes, sont plus doués et mieux préparés à cet art délicat

1. Cardinal Lustiger, homélie d'ordination du 28 juin 1986.

de l'annonce de Dieu aux enfants. Mais quand un pauvre prêtre parle à des enfants, vraiment, mystérieusement, sacramentellement, Jésus, Bon Pasteur, est présent au milieu d'eux. Cette présence n'est pas substantielle comme la présence eucharistique, mais elle est sacramentelle, comme l'enseigne expressément saint Jean-Paul II, c'est-à-dire à la fois un signe et une réalité. Le concile rappelle d'ailleurs cette présence du Christ dans le prêtre en affirmant que « le Christ est toujours là auprès de son Église, surtout dans les actions liturgiques. Il est là présent dans le Sacrifice de la Messe et dans la personne du ministre, le même offrant maintenant par le ministère des prêtres, qui s'offrit alors lui-même sur la croix et, au plus haut degré, sous les espèces eucharistiques[1] ».

Il est d'ailleurs important de souligner que cette présence est ministérielle. L'âme du prêtre est une âme de ministre, c'est-à-dire de serviteur. C'est pourquoi nul ne peut être prêtre sans être diacre. Pour rendre présent le Christ-pasteur et a fortiori le Christ-chef, il faut d'abord rendre présent le Christ-serviteur. Cette présence ministérielle du Christ qui définit l'identité sacerdotale n'implique nullement une sainteté automatique du prêtre. Nous y reviendrons plus loin. C'est là un grand mystère. Parfois, Jésus se rend présent par le ministère de prêtres indignes. Mais nous savons désormais que la sainteté sacerdotale sera ce combat, cette lutte pour vivre concrètement, à chaque instant, la plénitude

1. *Sacrosanctum concilium*, n° 7.

de cet être ministériel : être l'instrument par lequel Jésus-pasteur se rend présent à son Église.

Saint Jean-Paul II, **Pastores dabo vobis** *(chapitre 2, § 14 à 16)*

*Au service de ce sacerdoce universel de la Nouvelle Alliance, Jésus a appelé à lui, au cours de sa mission terrestre, plusieurs de ses disciples ; avec l'autorité d'une mission spécifique, il appelle et institue les Douze « pour être ses compagnons et pour les envoyer prêcher, avec pouvoir de chasser les démons » (*Mc *3, 14-15).*

Ainsi, déjà durant son ministère public (cf. Mt *16, 18) et ensuite, en plénitude, après sa mort et sa résurrection (cf.* Mt *28, 16-20 ;* Jn *20-21), Jésus confère à Pierre et aux Douze des pouvoirs tout à fait particuliers vis-à-vis de la communauté future et pour l'évangélisation de tous les peuples. Après les avoir appelés à le suivre, il les garde auprès de lui et il vit avec eux, leur communiquant par l'exemple et par la parole son message de salut ; enfin, il les envoie à tous les hommes. Pour l'accomplissement de cette mission, Jésus confère aux Apôtres, avec la force de l'effusion pascale de l'Esprit-Saint, la même autorité messianique qu'il a reçue du Père, qui lui a été conférée, et qui a été manifestée en plénitude par la Résurrection : « Tout pouvoir m'a été donné au ciel et sur la terre. Allez donc, de toutes les nations faites des disciples, les baptisant au nom du Père et du Fils et du Saint-Esprit, et leur apprenant à observer tout ce que je vous ai prescrit. Voici que je suis avec vous pour toujours jusqu'à la fin du monde* » (Mt *28, 18-20).*

Jésus établit ainsi une stricte relation entre le ministère confié aux Apôtres et sa propre mission : « Qui vous accueille m'accueille, et qui m'accueille accueille Celui qui m'a envoyé » (Mt *10, 40) ; « Qui vous écoute m'écoute, qui vous rejette me rejette, et qui me rejette rejette Celui qui m'a envoyé* » (Lc *10, 16). Bien plus, dans le quatrième Évangile, à la lumière de l'événement pascal de la mort et de la résurrection, Jésus affirme avec beaucoup de force et de clarté : « Comme le Père m'a envoyé, moi aussi je vous envoie* » (Jn *20, 21, cf.* Jn *13, 20 ;* Jn *17, 18). De même que Jésus a une mission qui lui vient directement de Dieu et qui rend présente l'autorité même de Dieu (cf.* Mt *7, 29 ;* Mt *21, 23 ;* Mc *1, 27 ;* Mc *11, 28 ;* Lc *20, 2 ;* Lc *24, 19), de même les Apôtres ont une mission qui vient de Jésus. Comme « le Fils ne peut rien faire de lui-même* » (Jn *5, 19), de sorte que sa doctrine n'est pas sa propre doctrine, mais la doctrine de Celui qui l'a envoyé (cf.* Jn *7, 16), de même Jésus dit aux Apôtres : « Hors de moi vous ne pouvez rien faire* » (Jn *15, 5) ; leur mission n'est pas leur propre mission, mais la mission même de Jésus. Son accomplissement est possible non à partir des forces humaines, mais seulement avec le « don » du Christ et de son Esprit, avec la grâce sacramentelle : « Recevez l'Esprit-Saint. Ceux à qui vous remettrez les péchés, ils leur seront remis, ceux à qui vous les retiendrez, ils leur seront retenus* » (Jn *20, 22-23). Ainsi, ce n'est pas en vertu de quelque mérite particulier, mais seulement en vertu d'une participation gratuite à la grâce du Christ, que les Apôtres poursuivent dans l'histoire, jusqu'à la fin des temps, la mission de salut du Christ lui-même en faveur des hommes.*

Le signe et le présupposé de l'authenticité et de la fécondité de cette mission est l'unité des Apôtres avec Jésus et, en lui, entre eux et avec le Père, comme en témoigne la prière sacerdotale du Seigneur, synthèse de sa mission (cf. Jn *17, 20-23).*

À leur tour, les Apôtres, institués par le Seigneur, s'acquitteront progressivement de leur mission en appelant, sous des formes diverses mais finalement convergentes, d'autres hommes, comme évêques, comme prêtres et comme diacres, pour accomplir la mission reçue du Christ ressuscité qui les a envoyés à tous les hommes de tous les temps.

Le Nouveau Testament souligne unanimement que l'Esprit du Christ lui-même a introduit dans le ministère ces hommes choisis du milieu des frères. Par le geste de l'imposition des mains (cf. Ac *6, 6 ;* 1 Tm *4, 14 ;* 1 Tm *5, 22 ;* 2 Tm *1, 6), qui transmet le don de l'Esprit, ces hommes sont appelés et habilités à continuer le même ministère de réconcilier, de paître le troupeau de Dieu, et d'enseigner (cf.* Ac *20, 28 ;* 1 P *5, 2).*

Les prêtres sont ainsi appelés à prolonger la présence du Christ, unique et souverain Pasteur, en retrouvant son style de vie et en se rendant en quelque sorte transparents à lui au milieu du troupeau qui leur est confié. Comme l'écrit de manière claire et précise la première Lettre de Pierre : « Les anciens qui sont parmi vous, je les exhorte, moi, ancien comme eux, témoin des souffrances du Christ, et qui dois participer à la gloire qui va être révélée. Paissez le troupeau de Dieu qui vous est confié, veillant sur lui, non par contrainte, mais de bon gré, selon Dieu ; non pour *un gain sordide, mais avec l'élan du cœur ; non pas en faisant les seigneurs à l'égard de ceux qui vous sont échus en partage, mais en devenant les modèles du troupeau. Et quand paraîtra le Chef des pasteurs, vous recevrez la couronne de gloire qui ne se flétrit pas » (*1 P *5, 1-4).*

Dans l'Église et pour l'Église, les prêtres représentent sacramentellement Jésus-Christ Tête et Pasteur[1], *ils proclament authentiquement la Parole, ils répètent ses gestes de pardon et d'offre du salut, surtout par le Baptême, la Pénitence et l'Eucharistie, ils exercent sa sollicitude pleine d'amour, jusqu'au don total de soi-même, pour le troupeau qu'ils rassemblent dans l'unité et conduisent au Père par le Christ dans l'Esprit. En un mot, les prêtres existent et agissent pour l'annonce de l'Évangile au monde et pour l'édification de l'Église au nom du Christ Tête et Pasteur en personne.*

Telle est la manière typique et particulière dont les ministres ordonnés participent à l'unique sacerdoce du Christ. Par l'onction du sacrement de l'Ordre, l'Esprit-Saint les configure, à un titre nouveau et spécifique, à Jésus-Christ Tête et Pasteur, il les y conforme intérieurement et les anime de sa charité pastorale ; et dans l'Église, il en fait des serviteurs qualifiés pour l'annonce de l'Évangile à toutes les créatures et pour la plénitude de la vie chrétienne de tous les baptisés.

La vérité du prêtre telle qu'elle émane de la Parole de Dieu, c'est-à-dire de Jésus-Christ lui-même, et de son dessein concernant la constitution de l'Église, est chantée en une joyeuse action de grâce liturgique dans

1. Nous soulignons.

la préface de la messe chrismale : « Par l'onction de l'Esprit-Saint, tu as établi ton Fils unique prêtre de l'Alliance nouvelle et éternelle ; et tu as voulu que son unique sacerdoce demeure vivant dans l'Église. C'est lui, le Christ, […] qui choisit, dans son amour pour ses frères, ceux qui, recevant l'imposition des mains, auront part à son ministère. [Ils] seront de vrais témoins de la foi et de la charité, prêts à donner leur vie comme le Christ pour leurs frères et pour toi. »

La relation fondamentale du prêtre est celle qui l'unit à Jésus-Christ Tête et Pasteur : il participe en effet, d'une manière spécifique et authentique, à la « consécration », ou « onction », et à la « mission » du Christ (cf. Lc *4, 18-20). Mais à cette relation-là est intimement liée celle qui l'unit à l'Église. Il ne s'agit pas de « relations » simplement juxtaposées : elles sont elles-mêmes intimement unies par une sorte d'immanence réciproque. La référence à l'Église est inscrite dans l'unique et même rapport du prêtre au Christ, en ce sens que c'est la « représentation sacramentelle » du Christ par le prêtre qui fonde et anime son rapport à l'Église.*

En ce sens, les Pères synodaux ont écrit : « En tant qu'il représente le Christ Tête, Pasteur et Époux de l'Église, le prêtre est placé non seulement dans l'Église, mais aussi face à l'Église[1]. *Le sacerdoce, en même temps que la Parole de Dieu et les signes sacramentels dont il est le serviteur, appartient aux éléments constitutifs de l'Église. Le ministère du prêtre est entièrement au service de l'Église pour promouvoir l'exercice du sacerdoce commun de tout le peuple de Dieu ; il est ordonné non seulement à*

1. Nous soulignons.

l'Église particulière, mais encore à l'Église universelle (cf. Presbyterorum ordinis, *n. 10), en communion avec l'évêque, avec Pierre et sous l'autorité de Pierre. Par le sacerdoce de l'évêque, le sacerdoce du second ordre est incorporé à la structure apostolique de l'Église. Ainsi le prêtre, comme les Apôtres, remplit la fonction d'ambassadeur du Christ (cf. 2* Co *5, 20). C'est là que se fonde le caractère missionnaire du sacerdoce. »*

Le ministère ordonné naît ainsi avec l'Église ; qu'il s'agisse de celui des évêques ou, en référence et en communion avec eux, de celui des prêtres, il a un lien particulier avec le ministère des Apôtres à l'origine, dont il prend réellement la succession, même si, par rapport à celui-ci, il présente des modalités existentielles différentes.

On ne doit donc pas considérer le sacerdoce ordonné comme s'il était antérieur à l'Église : il est entièrement au service de l'Église elle-même ; mais il ne doit pas non plus être envisagé comme postérieur à la communauté ecclésiale, comme si celle-ci pouvait être comprise comme étant déjà constituée sans ce sacerdoce.

La relation du prêtre avec Jésus-Christ et, en lui, avec son Église s'inscrit dans l'être même du prêtre, en vertu de sa consécration ou de l'onction sacramentelle, et dans son agir, c'est-à-dire dans sa mission ou dans son ministère. En particulier, « le prêtre ministre est serviteur du Christ présent dans l'Église mystère, communion et mission. Du fait qu'il participe à l'"onction" et à la "mission" du Christ, il peut prolonger dans l'Église sa prière, sa parole, son sacrifice, son action salvifique. Il est donc serviteur de l'Église mystère parce qu'il accomplit les signes ecclésiaux et sacramentels de la présence du Christ ressuscité. Il est serviteur de l'Église communion parce que – en unité avec l'évêque et en lien étroit avec le presbyterium – il construit l'unité de la communauté ecclésiale dans l'harmonie des diverses vocations, des charismes et des services. Il est, enfin, serviteur de l'Église mission parce qu'il fait de la communauté une communauté annonciatrice et témoin de l'Évangile ».

Ainsi dans son être même et dans sa mission sacramentelle, le prêtre apparaît, dans la structure de l'Église, comme signe de la priorité absolue et de la gratuité de la grâce, qui est donnée à l'Église par le Christ ressuscité. Par le sacerdoce ministériel, l'Église prend conscience, dans la foi, de ne pas exister par elle-même, mais par la grâce du Christ dans l'Esprit-Saint. Les Apôtres et leurs successeurs, comme détenteurs d'une autorité qui leur vient du Christ Tête et Pasteur, sont placés – par leur ministère – face à l'Église, comme prolongement visible et signe sacramentel du Christ, à sa propre place en face de l'Église et du monde, comme origine permanente et toujours nouvelle du salut, « lui le sauveur du Corps » (Ep *5, 23)*[1].

Méditation

En acceptant l'ordination sacerdotale, le prêtre se met totalement et à tout instant à la disposition du Christ. Ainsi, pour nous prêtres, revêtir le Christ, c'est se donner entièrement à lui comme il s'est donné à nous. Cet événement se renouvelle lors de chaque messe à travers le fait que nous revêtons les ornements liturgiques. Les mettre solennellement,

---

1. Jean-Paul II, exhortation apostolique post-synodale *Pastores dabo vobis,* 25 mars 1992.

et non de façon machinale et distraite, doit représenter plus qu'un fait extérieur pour nous : c'est, dit Benoît XVI, entrer toujours à nouveau dans le « oui » de notre charge – dans ce « non plus moi » du baptême – que l'ordination sacerdotale nous donne de manière nouvelle et, dans le même temps, nous demande. Le fait que nous soyons à l'autel, revêtus des ornements liturgiques, doit immédiatement rendre visible aux personnes présentes et à nous-mêmes que nous sommes là en la personne d'un autre. Les habits sacerdotaux sont une profonde expression symbolique de ce que le sacerdoce signifie.

L'acte de les revêtir était autrefois accompagné par des prières qui nous aident à mieux comprendre chaque élément du ministère sacerdotal. En commençant par l'amict. Par le passé – et aujourd'hui encore dans les ordres monastiques –, il était tout d'abord placé sur la tête, comme une sorte de capuche, devenant ainsi un symbole de la discipline des sens et de la concentration de la pensée nécessaire pour une juste et pieuse célébration de la messe, vécue avec recueillement, respect sacré et stupeur. Mes pensées, en effet, ne doivent pas errer ici et là derrière les préoccupations et les attentes de ma vie quotidienne ; mes sens ne doivent pas être attirés par ce qui, à l'intérieur de l'église, voudrait fortuitement accaparer les yeux, les oreilles et l'attention. Mon cœur doit docilement s'ouvrir à la Parole de Dieu et être recueilli dans la prière de l'Église, afin que ma pensée reçoive son orientation des paroles de l'Annonce et de la prière. Et le regard de mon cœur doit être tourné vers le Seigneur qui est parmi nous : voilà ce que signifie l'*Ars celebrandi* – la juste façon de célébrer. Si je suis ainsi avec le Seigneur et mon regard tourné vers Lui, alors, avec mon écoute attentive, ma façon de me tenir devant Lui, de parler et d'agir, j'attirerai également les autres personnes dans la communion intime avec Lui.

Les textes de la prière qui interprètent l'aube et l'étole vont tous dans la même direction. L'aube : son nom signifie « blanc » ; elle symbolise la pureté et la sainteté toujours requises pour célébrer l'œuvre de Dieu, comme saint Benoît nomme la liturgie. L'aube et l'étole évoquent le vêtement de fête que le père de la parabole de saint Luc donne au fils prodigue revenu à la maison, sale et en haillons. Lorsque nous nous approchons de la liturgie pour agir *in persona Christi*, en la personne du Christ, nous nous apercevons tous combien nous sommes loin de Lui ; combien il existe de saleté dans notre vie. Lui seul peut nous donner le vêtement de fête, nous rendre saints et dignes de présider à sa table, d'être à son service. Ainsi les prières rappellent également les paroles de l'Apocalypse selon lequel les vêtements des 144 000 élus avaient été lavés et blanchis dans le sang de l'Agneau. « C'est pourquoi ils sont devant le trône de Dieu, le servant jour et nuit dans son temple » (Ap 7, 15).

La chasuble : c'est le vêtement du dessus que revêt le prêtre pour célébrer la messe. Elle a pour origine un manteau romain, la *paenula*, ce même manteau que saint Paul avait oublié à Troas chez Carpos (2 Tm 4, 13). La chasuble est le vêtement qui couvre totalement le prêtre qui célèbre la messe. Elle représente le joug du Seigneur

Jésus, qui en tant que prêtre nous a été imposé. Elle rappelle les paroles du Christ qui nous invite à porter son joug et à apprendre de Lui et qui nous disent qu'il est « doux et humble de cœur » (Mt 11, 29). Porter la chasuble signifie apprendre de Lui comment nous soumettre docilement et par amour à la volonté du Père, comment nous devons nous humilier et disparaître devant Jésus-Christ, pour que Lui seul soit visible. Porter la chasuble, c'est être toujours disposé à aller à son école pour qu'il nous apprenne à être doux et humble de cœur comme Lui, à aimer Dieu et le prochain comme Lui. Il est absolument insuffisant et triste de célébrer le grand Mystère de notre foi en portant uniquement une aube et une étole. Chaque Eucharistie est une solennité, une fête et en même temps la célébration de la crucifixion de Jésus. Jésus était monté à l'autel du Golgotha solennellement avec sa noble et précieuse tunique ; « Or la tunique était sans couture, tissée d'une seule pièce à partir du haut » (Jn 19, 23). Nous aussi, revêtons le joug de Jésus, sa noble tunique, en montant à l'autel du sacrifice pour mourir avec Lui. La messe est l'acte le plus saint, l'acte principal et le plus important de notre existence sacerdotale[1]. C'est un acte qui nous sanctifie et nous configure au Christ.

Un grand théologien et mystique, le père Philippon, avait écrit juste avant sa mort la biographie spirituelle d'une mère de famille du Mexique décédée en 1937, la bienheureuse Maria Concepción (Conchita), dont la cérémonie de béatification a été célébrée, le 4 mai

1. Cf. Benoît XVI, *Homélie*, jeudi saint, 5 avril 2007.

2019, au sanctuaire de Notre-Dame de Guadalupe. Le père Philippon rapporte certaines confidences du Christ à cette mère de famille qui me semblent d'une actualité bouleversante. Voici comment la bienheureuse rapporte ce qu'elle a reçu en révélation privée : « Parmi tous les hommes, dit le Christ, j'en ai distingué quelques-uns qui devaient être les miens, "d'autres Moi", ceux qui continueraient la mission qui m'a amené sur la terre, celle de conduire vers mon Père ce qui était sorti de Lui, des âmes qui Le glorifieront éternellement. Je ne finirais pas de te dire ce que les prêtres sont pour Moi : mes mains, mes ouvriers, mon Cœur même et le centre d'innombrables âmes. Le monde ouvre en ce moment une large brèche dans le cœur des prêtres, et tu sais le nombre de vices qui accompagnent cet ennemi redoutable. Quand le Saint-Esprit s'en va du cœur d'un prêtre, c'est sa ruine, car si quelqu'un a non seulement le besoin mais le devoir le plus impérieux de vivre et de respirer le Saint-Esprit, c'est le prêtre. Malheur au prêtre qui s'enfonce dans la matière, il peut se considérer comme perdu. Je veux l'amour dans mes prêtres ; je veux la vie intérieure ; je veux que ces âmes consacrées vivent en intimité avec Moi. Il faut allumer de nouveau le feu dans mes prêtres et cela se fera uniquement par le Saint-Esprit.

« Comme je l'ai dit, il viendra des temps encore pires pour mon Église et Elle a besoin de prêtres saints qui la fassent triompher de ses ennemis. J'ai besoin d'une armée de prêtres saints transformés par Moi. Il me faut d'autres Moi-même sur la terre, car mon but, pour les prêtres, c'est de réaliser leur transformation en

Moi. La transformation du prêtre en Moi qui a lieu à la messe, il doit la continuer dans sa vie ordinaire, pour que cette vie devienne intérieure, spirituelle et divine[1]. » Comment ne serions-nous pas emplis de joie devant cet appel divin ? Certes il est exigeant, mais Dieu nous donne sa grâce. Il nous revient de tous les jours le louer et le remercier pour les merveilles qu'il accomplit en nous.

---

1. Marie-Michel Philippon, *Conchita, Journal spirituel d'une mère de famille*, Paris, Desclées de Brouwer, 1975.

V

Pour en finir avec le cléricalisme

À partir d'une méditation du cardinal Jean-Marie Lustiger

Introduction

L'esprit du monde s'infiltre dans l'Église. Or l'esprit du monde est tissé de peur, de jalousie, de mensonge, de l'attrait des richesses matérielles et de désir de domination. Dans l'Église, on a vu germer les rivalités et les luttes de pouvoir. C'est probablement cela que désignait saint Paul VI en parlant des fumées de Satan dans l'Église. J'en vois une des manifestations les plus terribles dans la rivalité entre les états de vie. Les clercs jalousent le caractère séculier des laïcs, ils les imitent servilement dans leur habillement, renoncent à la soutane. Ils se mettent à vouloir investir l'action politique qui est le champ propre du laïcat. Beaucoup publient des textes, non pas sur la Parole de Dieu, mais sur la démocratie, la bonne gouvernance, la justice et la paix, sur l'écologie. On parle même de façon très étrange d'« Église verte ». De même, les laïcs jalousent les clercs. Ils veulent les imiter, présider les liturgies, gouverner les paroisses, prêcher durant la liturgie dominicale. Voilà maintenant que l'on encourage une vaine et inutile lutte de pouvoir entre femmes et hommes. Certaines femmes et certaines religieuses veulent être prêtres, et les prêtres reculent devant leur paternité spirituelle. D'où vient tant de confusion ?

Je crois que l'on a introduit dans l'Église l'idée fausse et destructrice selon laquelle chaque charge, chaque état de vie est avant tout un pouvoir ou un droit. Dès lors, l'ensemble de la vie de l'Église est analysé en termes de lutte de pouvoir et de rapport de force. Cette structure de pensée héritée du marxisme a été popularisée à travers la *French theory* par les milieux universitaires américains et européens. Selon cette herméneutique, toute société est fondamentalement un rapport de force et de domination. Les comportements ne sont dès lors plus que des luttes pour abolir ou préserver les structures de domination et de privilèges.

Je crois que le cléricalisme est une attitude qui se nourrit de cette arrière-pensée. Il touche aussi bien les clercs que les laïcs. Il menace dangereusement toute la structure et les membres de l'Église : depuis le Pape en passant par les prêtres jusqu'aux derniers des laïcs. Il se caractérise comme une lutte pour le pouvoir et la domination : les laïcs se « cléricalisent » pour ravir le supposé pouvoir des clercs. Ils réclament des « ministères », conçus comme des privilèges extérieurs, que l'Église des origines et les premiers chrétiens qui secondaient saint Paul n'ont jamais créés ni réclamés. J'avais écrit dans *Des profondeurs de nos cœurs*[1] qu'il n'était pas nécessaire de « cléricaliser des laïcs » pour leur donner leur juste place dans l'Église et je demandais : « Les femmes ne seraient-elles respectables que si elles étaient clercs ? Dans l'Église, la cléricature serait-elle l'unique moyen pour exister et avoir une place ? » J'ai été particulièrement touché de lire quelque temps après des mots similaires sous la plume du Pape François qui affirme dans *Querida Amazonia* : « Cela nous invite à élargir le champ de vision pour éviter de réduire notre compréhension de l'Église à des structures fonctionnelles. Ce réductionnisme nous conduirait à penser qu'on n'accorderait aux femmes un *statut* et une plus grande participation dans l'Église seulement si on leur donnait accès à l'Ordre sacré. Mais cette vision, en réalité, limiterait les perspectives, nous conduirait à cléricaliser les femmes, diminuerait la grande valeur de ce qu'elles ont déjà donné et provoquerait un subtil appauvrissement de leur apport indispensable. Jésus-Christ se présente comme Époux de la communauté qui célèbre l'Eucharistie à travers la figure d'un homme qui la préside comme signe de l'Unique Prêtre. Ce dialogue entre l'Époux et l'Épouse, qui s'élève dans l'adoration et qui sanctifie la communauté, ne devrait pas nous enfermer dans des approches partielles sur le pouvoir dans l'Église. Car le Seigneur a voulu manifester son pouvoir et son amour à travers deux visages humains : Celui de Son Divin Fils fait homme

1. Benoît XVI et Cardinal Robert Sarah, *Des profondeurs de nos cœurs*, *op. cit.*

et celui d'une Créature qui est une femme, Marie. Les femmes apportent leur contribution à l'Église d'une manière spécifique et en prolongeant la force et la tendresse de Marie, la Mère. Ainsi nous ne nous limitons pas à une approche fonctionnelle mais nous entrons dans la structure intime de l'Église[1]. » Cette affirmation si claire et si fidèle à la Tradition devrait arrêter définitivement toute enquête théologique sur une éventuelle possibilité de créer des diaconesses dans l'Église catholique. Aucune des personnes qui ont aidé et soutenu Paul dans sa mission d'évangélisation n'a jamais exprimé le désir d'être instituée ministre. Citons Aquilas et sa femme Priscille, qui ont été d'excellents collaborateurs de Paul à Corinthe et à Éphèse (Ac 18, 18-19 ; 1 Co 16, 19), puis à Rome (Rm 16, 3 ; 2 Tm 4, 19) ou Épaphrodite (Ph 2, 25) et Épaphras (Col 1, 7 ; 4, 12 ; Rm 23). Citons encore Apollos, originaire d'Alexandrie, homme savant, versé dans les Écritures et qui avait connu un grand succès à Corinthe et à Éphèse (Ac 18, 22-29 ; 1 Co 1, 22 ; 3, 4-6 ; Tt 3, 13). Saint Luc signale en plus des Douze qui étaient avec Jésus la présence de femmes, Marie dite de Magdala, Jeanne, femme de Chouza, intendant d'Hérode, Suzanne et beaucoup d'autres qui les aidaient de leurs biens (Lc 8, 1-9 ; Mt 27, 55 ; Mc 15, 41). Aucune de ces personnes n'a prétendu à un ministère. Toutes participaient généreusement et par amour à la mission de Jésus. Depuis des siècles, les catéchistes ont participé à l'œuvre des missionnaires

1. Pape François, *Querida Amazonia*, n° 100-101.

avec un zèle héroïque et humble sans réclamer qu'on leur donne une charge ministérielle. Jamais ils n'ont souhaité être cléricalisés. Ils ont toujours été de grands témoins et de merveilleux pères et mères de famille.

Le cléricalisme est une attitude qui transforme un état de vie, un ministère ou une charge en propriété privée et en marchepied pour un ego complexé. Le Pape François nomme cela l'autoréférencialité. Alors que chaque état de vie est une forme spécifique de référence au mystère du Christ et d'identification à un aspect de ce mystère, le cléricalisme s'approprie les missions qu'ils confèrent et en fait un instrument de pouvoir.

Vatican II avait eu l'intention géniale et prophétique de mettre en lumière la complémentarité entre les états de vie et non pas leur concurrence ou leur rivalité agressive. Il faut relire *Lumen gentium* qui décrit les formes multiples d'exercice de la sainteté : « Dans les formes diverses de vie et les charges différentes, c'est une seule sainteté que cultivent tous ceux que conduit l'Esprit de Dieu et qui, obéissant à la voix du Père et adorant Dieu le Père en esprit et en vérité, marchent à la suite du Christ pauvre, humble et chargé de sa croix, pour mériter de devenir participants de sa gloire. Chacun doit résolument avancer, selon ses propres dons et ressources, par la voie d'une foi vivante qui stimule l'espérance et agit par la charité[1]. » Il est temps de sortir d'une logique mensongère de concurrence. « La vocation propre des laïcs consiste à chercher le règne de Dieu précisément à travers la gérance des

1. Const. dogm. sur l'Église, *Lumen gentium*, n° 41.

choses temporelles qu'ils ordonnent selon Dieu[1]. » La vocation propre des religieux consiste à rappeler prophétiquement que le monde ne peut se transformer et être offert à Dieu en dehors de la radicalité de l'Évangile et de l'esprit des Béatitudes. La vocation propre des prêtres consiste à représenter sacramentellement le Christ-Pasteur au milieu de son peuple principalement par le don des sacrements, la prédication de l'Évangile et le service de l'autorité, mais aussi par toute leur vie. L'Église n'est pas un lieu de pouvoir mais de service. Je le redis : bien des laïcs sont plus compétents et mieux formés que les clercs en théologie ou en pastorale. Mais ils ne seront jamais capables de « tenir la place du Christ-Pasteur et d'agir en sa personne ».

N'oublions pas que le baptême et la confirmation marquent l'âme d'un caractère sacramentel qui donne aux personnes une identité spirituelle. Il revient aux laïcs baptisés et confirmés de rendre présent dans le monde séculier le mystère de notre adoption comme fils de Dieu et témoins de sa Parole. Ils doivent lutter pour implanter dans le monde le Royaume de Dieu et non pas user inutilement leurs énergies pour jouir d'une fonction dans l'Église. Il revient aux laïcs mariés de rendre présent sacramentellement le mystère des épousailles du Christ et de l'Église en vivant fidèlement et de façon exemplaire leur amour conjugal. Il revient aux religieux et aux consacrés de témoigner de la radicalité de la vie selon l'Évangile et l'appel eschatologique à la sainteté. Nous avons besoin les uns des autres. Nous

1. Const. dogm. sur l'Église, *Lumen gentium,* n° 31.

avançons au coude-à-coude, nous nous entraidons sur le chemin de la sainteté.

On entend parfois affirmer qu'il serait nécessaire de désolidariser l'exercice de l'autorité et le ministère ordonné. On dit çà et là que le gouvernement dans l'Église peut être aussi bien le fait d'hommes que de femmes, de laïcs que de prêtres et d'évêques. De telles formules sont terriblement ambiguës et destructrices de la structure hiérarchique de l'Église, telle que voulue et organisée par Jésus-Christ Lui-même. Bien entendu, il y a des laïcs, hommes et femmes, plus compétents en communication, en *management* et en techniques de gouvernement que les prêtres. Il est nécessaire de leur donner les rôles d'expertise et de conseil qui leur reviennent. Mais au sens strict, le gouvernement dans l'Église n'est pas d'abord une expertise mais une présence du Christ serviteur et pasteur. Voilà pourquoi la fonction de gouvernement ne pourra jamais être exercée dans l'Église par un autre que par un ministre ordonné. Les chrétiens veulent être gouvernés par le Christ et non par un expert. Les prêtres, parce qu'ils rendent présent sacramentellement le Christ pasteur et serviteur, doivent gouverner sans exercer une domination humaine, mais en prolongeant l'œuvre du Bon Pasteur. Ils ne sont parfois pas à la hauteur de leur mission, mais c'est pourtant à eux que cette charge de gouvernement est confiée, en vertu de l'ordination qui les configure au Bon Pasteur.

Encore une fois, cela ne diminue pas la nécessité de mettre en valeur la compétence et l'excellence des laïcs hommes et femmes. Aucune décision ne devrait être prise sans consulter les personnes réellement compétentes. Mais seul un ministre configuré au Bon Pasteur peut assumer la décision face à l'Église sans que l'autorité se transforme en pouvoir de domination à la manière humaine.

Il est donc temps de cesser d'interpréter l'autorité dans l'Église comme un pouvoir ou une oppression. Elle est, de part en part, ministérielle, car elle est toujours un service rendu par les clercs au Corps tout entier. Par conséquent, elle est assumée dans un esprit de service, comme Jésus l'a appris aux douze premiers prêtres lors du lavement des pieds. Elle est aussi assumée par des prêtres qui se savent et se veulent des instruments du Bon Pasteur et non des tyrans.

Le cardinal Jean-Marie Lustiger, qui fut archevêque de Paris du 31 janvier 1981 au 11 février 2005, le synthétise avec clarté. Ce grand serviteur de l'Église était d'origine juive. Sa conversion au Christ a confirmé chez lui un sens profond de l'unité et de la dignité du peuple de Dieu. Dans sa mission d'évêque, il a eu le génie et le talent de mettre au service de l'annonce de l'Évangile les compétences propres de chacun, clercs et laïcs. Il a su déployer toutes les intuitions du concile Vatican II.

Cardinal Jean-Marie Lustiger, « La vocation des prêtres » (extraits)

L'ensemble des interventions de Jean-Paul II au sujet des prêtres, de la vie consacrée et, plus largement, de la vocation des baptisés – y compris donc celle des laïcs – représente des milliers de pages. Je voudrais m'efforcer ici de dégager leur logique et leur originalité, et d'en comprendre l'« économie » au sens où les Pères ont employé ce mot pour décrire l'économie du salut où le mystère trinitaire nous est révélé. Au-delà de leur diversité, nous y découvrons à la fois les grands enjeux de la vie de l'Église à la fin du XX*e siècle et la cohérence d'une réponse structurée, puisant sa force dans le mystère même du Christ. [...]*

Quel était, [au] sujet [des prêtres], l'état des esprits il y a vingt-cinq ans, lorsque Jean-Paul II prononça ses premières paroles en public : « N'ayez pas peur. Ouvrez grandes vos portes au Christ » ? [...]

Le nouveau Pape en avait une connaissance très précise. En effet, sept ans auparavant, archevêque de Cracovie, il avait pris part au deuxième synode ordinaire des évêques tenu à Rome du 30 septembre au 6 novembre 1971, qui devait traiter du ministère sacerdotal et de la justice dans le monde. Les journaux annonçaient que les évêques demanderaient au Saint-Père d'ordonner des viri probati *mariés. Beaucoup suggéraient de bannir le mot « sacerdoce » et de ne parler que de « ministère presbytéral ».*

On sait la manière dont ce synode de 1971 a été conclu. Le Pape Paul VI a courageusement résisté aux pressions. La béatification du père Maximilien Marie Kolbe comme « prêtre catholique » n'est-elle pas sa réponse à ces interrogations obscurcissant la figure du sacerdoce presbytéral ? Pour autant, la crise et les problématiques que je viens d'évoquer s'étaient durablement installées dans l'Occident développé.

Ceux qui sont assez âgés pour avoir vécu cette période n'auront pas oublié l'intensité de la crise pendant ces années 1970, ni les questions posées par les abandons qui se multipliaient, ni la chute du nombre des entrées dans les séminaires.

L'enseignement de Vatican II avait-il alors été vraiment compris ? Quoi qu'il en soit, les problèmes de l'Église et de son personnel étaient perçus par l'opinion sous un angle bien plus organisationnel ou sociopolitique que théologique ou mystique. On peut, rétrospectivement, reconnaître là les influences symétriques du marxisme et d'un certain libéralisme. Le premier poussait à tout concevoir en termes de rapports de force. Le second invitait à tout considérer dans une perspective gestionnaire et à privilégier la liberté individuelle.

L'obéissance, la pauvreté, la chasteté et finalement la nature même du sacerdoce et des vocations, y compris la vocation baptismale des laïcs, étaient évidemment contestées lorsqu'on raisonnait ainsi dans des perspectives de fonctionnalité, de rapports de force ou de partage du pouvoir, de reconnaissance sociale dont la seule mesure est l'argent, etc. La sociologie occupait le devant de la scène ; l'anthropologie dans ses diverses branches semblait défier l'enseignement traditionnel en matière de sexualité, tandis que l'histoire servait à dénoncer comme toute relative la règle du célibat ecclésiastique.

En bref, trois idées occultaient les réalités spirituelles et sacramentelles du sacerdoce presbytéral et de la vocation aussi bien religieuse que baptismale :

Tout d'abord, la réalité sacramentelle du sacerdoce devait s'effacer devant la fonctionnalité des tâches ministérielles, lesquelles paraissaient pouvoir être accomplies sans ordination. C'était ce que certains ont appelé une « désacerdotalisation ».

Ensuite, la dialectique du pouvoir conduisait à souhaiter confier celui-ci à l'assemblée démocratique des fidèles. C'était ce qui a été alors nommé une « décléricalisation ».

Enfin, la suppression du célibat était censée devoir parachever la « sécularisation » d'une chrétienté jugée trop liée à une culture périmée.

Vatican II avait néanmoins explicitement prévu ces difficultés. Comme l'annonçait Lumen gentium *(4, 2), « le genre humain vit aujourd'hui un âge nouveau de son histoire, caractérisé par des changements profonds et rapides qui s'étendent peu à peu à l'ensemble du globe. [...] À tel point que l'on peut déjà parler d'une véritable métamorphose sociale et culturelle, dont les effets se répercutent jusque dans la vie religieuse ». Mais les intuitions du concile pour faire face à cette situation restaient à mettre pleinement en œuvre. [...]*

Comment en cette année 1978 le nouveau Pape allait-il, à son tour, répondre aux questions posées à Paul VI en 1971 ? Dans quels chemins allait-il engager l'Église du Christ sur laquelle il doit désormais veiller ? [...]

*C'est dix ans après l'inauguration de son pontificat que commencent à paraître les trois exhortations apostoliques post-synodales consacrées successivement aux vocations qui constituent notre sujet : celles des laïcs (*Christifideles laici*) en 1988, des prêtres (*Pastores dabo vobis*) en 1992 et des religieux et religieuses (*Vita consecrata*) en 1996.*

Cet ensemble des trois encycliques suivies des trois exhortations apostoliques déploie une pédagogie spirituelle qui étonne par sa cohérence [...]. Et cette fermeté de la visée est encore plus frappante si l'on tient compte des circonstances et des événements qui sont venus en contrarier le développement. D'une certaine manière, le Pape fonde les engagements des hommes de notre temps à la suite du Christ, qu'ils soient prêtres, consacrés ou laïcs, en les plaçant dans l'économie du salut : au terme de cet Avent, l'homme se découvre dans sa dignité inaliénable qu'est sa participation au sacerdoce du Christ. [...]

Jean-Paul II en effet, par son enseignement, s'est d'abord porté prioritairement sur ce qui est à la source des différents états de vie et des missions dans leur diversité au sein de l'Église, à savoir le mystère du Christ. Ce fut assurément un renversement assez radical de perspective : il s'agissait pour le Pape de relever les défis des temps nouveaux, d'évaluer les besoins réels et d'apporter des réponses non plus en prenant comme critère la politique, ni la sociologie, ni l'anthropologie, mais en s'adressant à l'homme blessé et racheté tel que la foi le donne à voir et à aimer. Ce réalisme de la foi libère de la prison des idéologies.

Dans Don et mystère, *nous lisons justement : « Après mon élection comme Pape, ma première intuition [...] fut de me tourner vers le Christ Rédempteur. L'encyclique* Redemptor hominis *naquit de ce mouvement [...]. Il existe un lien étroit entre le message de cette encyclique et tout ce qui s'inscrit dans l'âme de l'homme grâce à sa participation au sacerdoce du Christ. »*

Autrement dit, la Rédemption n'est pas seulement ce qui rend l'homme intelligible à lui-même malgré ses contradictions et ses tentations nihilistes ou suicidaires. En lui permettant de comprendre combien il est aimé de Dieu, il lui fait mesurer son infinie dignité qui requiert une union immédiate et concrète au sacrifice du Christ. Toute vocation chrétienne trouve là son sens et son contenu, qui sont proprement sacerdotaux. […]

C'est évidemment là, pour cette participation à la vie divine, qu'est la réponse à toute vocation, une orientation essentielle. […]

Nous pouvons aujourd'hui clairement percevoir comment le Pape a voulu que soit repris à nouveaux frais le synode des évêques de 1971. C'est au travail de trois nouveaux synodes – d'abord sur la vocation des laïcs, puis sur la formation des prêtres, enfin sur la vie consacrée – qu'il demandera de formuler les réponses attendues. […]

De plus, l'ordre des trois synodes est significatif : commencer par les laïcs met en lumière la vocation universelle à la sainteté du peuple sacerdotal. Avec les laïcs, le synode a autant revisité Gaudium et spes *que* Lumen gentium *et exprimé la mission de l'Église de notre temps.*

Du coup, le sacerdoce ministériel, thème du synode suivant, apparaît clairement comme le moyen voulu par le Christ pour faire vivre le peuple saint ; l'appel radical à la sainteté adressé aux prêtres éclaire prophétiquement la « haute convenance » du célibat sacerdotal. Celui-ci doit être considéré en cohérence avec la vie consacrée qui signifie de façon prophétique la destinée des hommes dont elle est ici et maintenant l'anticipation eschatologique.

La logique des trois exhortations apostoliques à la lumière des trois grandes encycliques du début du pontificat se déploie à partir de l'idée de sacerdoce, elle-même inhérente à la Rédemption : « Le Christ est prêtre parce qu'il est le rédempteur du monde », pouvons-nous lire dans Don et mystère. *Les intuitions et souvenirs confiés dans ce texte précieux pourront à nouveau nous servir de guide ou de contrepoint pour éclairer ou condenser tel ou tel aspect des vocations à travers leur diversité et leur unité théologique et mystique.*

Le mystère du Rédempteur offre à l'homme de comprendre sa propre condition : le Christ révèle à l'humanité à la fois qu'elle est blessée et qu'elle est aimée. L'offrande essentiellement sacerdotale que le Christ fait de lui-même la délivre du mal en lui donnant le pardon de ses péchés. Sacerdotale, elle a nécessairement une dimension de sacrifice où, comme Jean-Paul II le redit à chaque occasion en citant le chapitre 7 de l'Épître aux Hébreux, Jésus ne se contente pas d'intercéder. Car, « Grand Prêtre parfait », il s'offre lui-même comme « victime immaculée ». Sa Résurrection ne signifie pas seulement que son sacrifice est agréé. En un sens, le Fils, en se solidarisant jusqu'au bout avec l'humanité défigurée par le péché, accomplit, dans son obéissance, l'amour qui de toute éternité l'unit à son Père. Le matin de Pâques il manifeste que cet amour qui est leur vie même est vainqueur de la mort.

Pour l'homme le salut consiste, uni au Christ, à s'offrir à son tour au Père par la puissance de l'Esprit afin de contribuer pour sa part à répandre et à partager cette miséricorde. Le chrétien est en quelque sorte incorporé au Christ pour être associé à son action sacerdotale et rédemptrice. C'est dans cette mesure qu'il convient bel et bien de parler, à la suite de Vatican II, du « sacerdoce commun de tous les baptisés ».

[...]

Le Pape précise « en tant qu'intendant des mystères de Dieu, le prêtre est au service du sacerdoce commun des fidèles ». On voit ici que Jean-Paul II a puissamment renouvelé l'approche des rôles à la fois bien distincts et interdépendants des prêtres et des laïcs. De même qu'il a insisté sur le fait que la mission ecclésiale des fidèles laïcs a sa source dans leur dignité sacerdotale et se poursuit dans leurs tâches temporelles, il a montré que les ministères ordonnés ont pour fin immédiate de rendre possible l'accomplissement de cette vocation de tout baptisé.

Chaque mot a ici son importance. Le sacerdoce commun n'est pas l'origine du sacerdoce presbytéral. Le second est au service du premier, mais il n'en dérive pas. La raison en est, comme le relève Don et mystère, *que « le sacerdoce, à sa racine même, est le sacerdoce du Christ » – et de nul autre.*

Reste à légitimer la distinction et la complémentarité de ces deux aspects ou niveaux de l'unique sacerdoce. C'est entre autres ce à quoi se sont employés le synode de 1990 et l'exhortation apostolique Pastores dabo vobis *publiée seize mois plus tard, en 1992. Il ne faut pas oublier que ce synode portait d'abord sur la formation des prêtres. Il n'en demeure pas moins que le texte final signé par le Pape est un des documents pontificaux les plus longs qui aient jamais été publiés (226 pages dans l'édition originale) et que les questions y sont traitées à fond, en remontant aux principes les plus hauts et les plus décisifs.*

Il ne peut donc être ici question de recenser seulement toutes les ressources qu'offre Pastores dabo vobis. *Cependant, pour ce qui nous concerne ici, nous pourrons, une fois de plus, en trouver un écho significatif dans* Don et Mystère. *« Si le concile, écrit Jean-Paul II, […] parle de la vocation "universelle" à la sainteté, dans le cas du prêtre, il faut parler d'une vocation "spéciale" à la sainteté. Le Christ a besoin de saints prêtres ! Le monde actuel demande de saints prêtres ! Seul un saint prêtre peut devenir un témoin transparent du Christ et de son Évangile dans un monde toujours plus sécularisé. Ainsi seulement, le prêtre peut devenir guide des hommes et maître de sainteté. Les hommes, surtout les jeunes, attendent de tels guides. »*

Cette sainteté « spéciale », le prêtre n'en fait pas seul le choix, bien qu'il engage sa liberté : il y est appelé, ordonné et consacré, afin de parler et d'agir in persona Christi. *Cette vocation et cette mission ne peuvent lui être données par aucun autre que Jésus lui-même, et elles requièrent un don spécifique de l'Esprit-Saint. […]*

Jean-Paul II insiste sur deux situations où le prêtre (je cite) « donne au Christ son humanité, afin qu'il puisse s'en servir comme instrument du salut, faisant en quelque sorte de cet homme un autre lui-même ».

C'est d'abord la célébration de la messe. « Y a-t-il au monde (demande le Pape) un accomplissement plus haut de notre humanité que de pouvoir reproduire chaque jour in persona Christi *le sacrifice rédempteur, celui-là même que le Christ consomma sur la Croix ? Dans ce sacrifice, d'une part le mystère trinitaire lui-même est présent de la manière la plus profonde, d'autre part tout l'univers créé est comme "récapitulé". »*

En second lieu, il y a ce que le Pape nomme « le ministère de la miséricorde ». Puisque, souligne-t-il, « le prêtre est témoin et instrument de la miséricorde divine, [...] le service du confessionnal est important dans sa vie. C'est justement au confessionnal que sa paternité spirituelle se réalise le plus pleinement ».

Il est permis de voir ici mise en œuvre la relation que nous avons relevée tout à l'heure, en évoquant l'encyclique sur le Père des cieux, entre la paternité et la miséricorde. Dans sa dimension paternelle, le sacerdoce suppose comme une « distance » ou, si l'on veut, une distinction, une différenciation, une « mise à part »... C'est dans cette perspective, entre autres, que l'on peut comprendre le caractère « spécial » de la sainteté à laquelle est expressément appelé le prêtre.

Cette vocation prend la forme bien précise que Jean-Paul II, dans Don et Mystère, *décrit en expliquant que le prêtre est amené « à faire un choix de vie inspiré par le radicalisme évangélique. [Il doit] vivre d'une manière spécifique les conseils évangéliques de chasteté, de pauvreté et d'obéissance ».*

Une telle exigence se justifie par le lien indissoluble entre le sacerdoce et le sacrifice. Se souvenant de sa propre ordination, le Saint-Père dégage la signification profonde d'un des rites du sacrement : le futur prêtre, écrit-il, « se prosterne de tout son long et pose son front sur le pavement du sanctuaire, manifestant par là son entière disponibilité pour entreprendre le ministère qui lui est confié ». Et il commente : « Rester étendu à terre, le corps en forme de croix, avant l'ordination, accepter, comme Pierre, la Croix du Christ dans sa propre vie et se faire avec l'Apôtre "pavement" sous les pas de ses frères, cela fait apparaître le sens le plus profond de toute spiritualité sacerdotale. »

Le Pape précise bien qu'il ne s'ensuit aucune mutilation de la personne. Au contraire, « le jeune [qui], entendant la parole "suis-moi", [...] en vient à renoncer à tout pour le Christ, [peut avoir] la certitude que, sur ce chemin, sa personnalité humaine se réalisera en plénitude ».

Mais les conseils évangéliques nous amènent comme naturellement au troisième synode épiscopal qui a traité des vocations en se préoccupant en 1994 de la vie religieuse et à l'exhortation apostolique Vita consecrata, *à nouveau seize mois plus tard, en 1996. Dans ses conclusions, Jean-Paul II a souligné, parmi d'autres, une difficulté rencontrée à la fin du XXe siècle non seulement au sein de nombre d'ordres religieux, mais encore dans l'Église entière : c'est la tentation de tout évaluer en fonction des critères utilitaires de la société. La vie consacrée, répondait le Pape, obéit à d'autres lois, et en particulier celle du don, à la fois inhérente à la condition humaine et confirmée par l'Incarnation et par la Croix. Des vies totalement vouées à Dieu et sans aucune perspective de « gratification » ici-bas aident la culture contemporaine à se remettre en question. Elles constituent aussi en ce monde un témoignage de l'avènement déjà survenu du Règne de Dieu.*

Mais le « radicalisme évangélique » joue encore un rôle « moteur » dans l'Église. Non seulement en raison des multiples services que rendent religieux et religieuses, mais surtout grâce aux exemples et modèles de sainteté offerts par des prêtres et des baptisés laïcs ayant prononcé des vœux. Le peuple de Dieu s'en trouve tout entier dynamisé, et le clergé aussi bien que les fidèles.

[…] La vie consacrée reflète en quelque sorte, c'est-à-dire intègre puis rediffuse la liberté et la surabondance des dons de Dieu, sans renier aucun de ceux qui ont déjà été irréversiblement dispensés et au contraire pour en stimuler l'assimilation à travers la variété et la richesse sans cesse renouvelées des vocations et des engagements.

Cette perspective permet de dépasser largement les polémiques qui ont surgi après la publication de Vita consecrata, *au sujet de la traduction du latin* praecellens. *Convenait-il de comprendre que l'état de vie des religieux et religieuses est « objectivement supérieur » aux autres ?*

La question, à la vérité, ne se pose pas davantage qu'entre le clergé et les fidèles. Que la sainteté à laquelle est appelé le prêtre ait quelque chose de « spécial » n'enlève rien à l'authentique perfection à laquelle les laïcs sont également invités.

L'existence même de la vie consacrée illustre la même logique de gratuité et de cohérence organique non moins que spirituelle qui articule déjà la complémentarité entre le « sacerdoce commun » et le sacerdoce presbytéral, sans qu'il soit possible de parler de prépondérance de l'un ou de l'autre. Le « radicalisme évangélique » s'avère œuvrer dans une interdépendance du même genre, avec une nécessité du même ordre mystique, au bénéfice du peuple de Dieu tout entier et du monde dont le Christ est le Sauveur.

Plusieurs leçons peuvent être tirées du tableau qui vient d'être tracé […]. En premier lieu, Jean-Paul II s'est attaqué directement et vigoureusement *aux difficultés que rencontrait l'Église à ce niveau dans le dernier tiers du XX*e *siècle. Il n'a donc rien ignoré de nos épreuves ni de nos tentations. Mais il l'a fait en déplaçant résolument la problématique.*

Il nous a invités à remplacer une réflexion en termes de pouvoir sur les institutions par une perception renouvelée du drame de la condition humaine, déchiffrée à la lumière du mystère qui est au cœur de la foi chrétienne : celui de la Rédemption.

En d'autres termes, le Pape a su tout recentrer sur le Christ, sans craindre de n'être pas « de son temps ». [...]

Jean-Paul II écrit donc : « Au-delà du renouveau pastoral qui s'impose, je suis convaincu que le prêtre ne doit pas avoir peur d'être "hors du temps", parce que l'aujourd'hui humain de tout prêtre s'inscrit dans l'aujourd'hui du Christ Rédempteur. Le plus haut devoir de tout prêtre est de retrouver au jour le jour son "aujourd'hui" sacerdotal dans l'aujourd'hui du Christ, dans cet "aujourd'hui" dont parle la Lettre aux Hébreux (13, 8) : [...] "Jésus-Christ est le même hier et aujourd'hui ; il le sera à jamais"[1]*. »*

Méditation

Comme l'a écrit Mgr Hugh Gilbert, dans son livre *Déployer le mystère*, « l'Eucharistie nous apprend qui nous sommes, et l'Eucharistie signifie : être debout

1. Cardinal Jean-Marie Lustiger, « La vocation des prêtres », conférence donnée à Rome pour l'ouverture du Congrès des cardinaux et présidents de conférences épiscopales, réunis à l'occasion des vingt-cinq ans de pontificat de Jean-Paul II, 15 octobre 2003.

devant l'autel. Voilà bien la place où les chrétiens doivent se tenir, le lieu de leur rédemption et de leur vocation. [...] Si nous sommes debout à l'Autel, c'est parce que nous avons été baptisés. Et si nous avons été baptisés, nous avons été attachés à la Croix avec le Christ. Être attaché à la Croix signifie en même temps couper avec le péché et élargir son cœur en le laissant transpercer. Se tenir à l'Autel, pour le prêtre comme pour le fidèle, signifie s'offrir en holocauste à Dieu, se livrer totalement à Dieu. [...] Se tenir à l'Autel c'est réellement se configurer, c'est s'identifier au Christ qui, par sa mort, s'offre à Dieu le Père, et reconsacrer le monde au Seigneur de l'univers[1] ».

« Tout Grand Prêtre, en effet, pris d'entre les hommes, est établi pour intervenir en faveur des hommes dans leurs relations avec Dieu » (He 5, 1). Et bien qu'il soit lui-même enveloppé des mêmes infirmités, ayant besoin d'autant et même plus que les autres des miséricordes et des pardons divins, il est cependant dépositaire d'un pouvoir plus grand que lui, plus grand que le monde et plus grand que toutes distinctions que le monde peut conférer à un être humain. Pouvoir qui lui vient du Christ. C'est ainsi que saint Jean-Marie Vianney, le curé d'Ars, a pu dire que « le prêtre est un homme qui tient la place de Dieu, un homme qui est revêtu de tous les pouvoirs de Dieu ». Et il ajoute : « Oh ! Que le prêtre est quelque chose de grand ! S'il se comprenait il mourrait. Dieu lui obéit : il dit deux mots

1. Hugh Gilbert, *Déployer le mystère*, éditions de Solesmes, 2020.

et Notre-Seigneur descend du Ciel à sa voix et se renferme dans une petite hostie[1]. »

Selon la foi catholique, seul le prêtre validement consacré, lorsqu'il prononce, au nom de la toute-puissance du Christ, les paroles transubstantiatrices de la Cène peut faire descendre et habiter au milieu de nous la Présence corporelle du Christ et de son sacrifice rédempteur.

Nous sommes, nous prêtres, des appelés. L'histoire de notre sacerdoce commence par un appel de Dieu, comme cela s'est produit pour les Apôtres. « Comme il passait sur le bord de la mer de Galilée, il vit Simon et André, le frère de Simon, qui jetaient l'épervier dans la mer ; car c'étaient des pêcheurs. Et Jésus leur dit : "Venez à ma suite et je vous ferai devenir pêcheurs d'hommes." Et aussitôt, laissant les filets, ils le suivirent. Et s'avançant un peu, il vit Jacques, fils de Zébédée, et Jean son frère, eux aussi dans leur barque en train d'arranger les filets ; et aussitôt il les appela. Et laissant leur père Zébédée dans la barque avec ses employés, ils partirent à sa suite » (Mc 1, 16-20).

C'est donc Dieu, c'est Jésus qui prend l'initiative ; c'est lui qui fait le premier pas et vient vers nous. « Ce n'est pas vous qui m'avez choisi, mais c'est moi qui vous ai choisis » (Jn 15, 16). Il nous faut souvent méditer sur ce regard tout particulier que Dieu pose sur nous pour pouvoir rester fidèles à la grâce sacerdotale.

1. Bernard Nodet, *Jean-Marie Vianney, curé d'Ars. Sa pensée, son cœur*, *op. cit.*

Qui Jésus choisit-il ? Il ne semble pas regarder la noblesse des origines, les brillantes qualités intellectuelles ou la condition sociale de ses élus. Car « ce qu'il y a de fou dans le monde, voilà ce que Dieu a choisi pour confondre les sages ; ce qu'il y a de faible dans le monde, voilà ce que Dieu a choisi pour confondre ce qui est fort ; ce qui dans le monde est sans naissance et que l'on méprise, voilà ce que Dieu a choisi : ce qui n'est pas, pour réduire à rien ce qui est, afin qu'aucune chair n'aille se glorifier devant Dieu » (1 Co 1, 27-29).

Il ne privilégie pas non plus ceux qui se portent volontaires, animés par un enthousiasme superficiel (Mt 8, 19-22). Une chose est certaine : nous sommes appelés par le Christ, par Dieu. C'est Lui qui « dès le sein maternel [nous] a mis à part et appelé[s] par sa grâce » (Ga 1, 15). Ce qui veut dire que nous sommes immensément aimés par le Christ, aimés par Dieu. Nous avons été enlevés du monde et donnés à Lui, mis à part pour Dieu et pour Lui seul.

Y pensons-nous vraiment ? Être prêtre : quel don inouï fait à l'humanité ! Mesurons-nous l'immense privilège et le don inouï qui nous sont ainsi faits ? En réalité, la vocation au sacerdoce est un signe de prédilection de la part de Celui qui, en nous choisissant parmi tant de frères plus intelligents, plus dignes et plus saints que nous, nous a appelés à participer d'une manière toute particulière à son amitié et à son sacerdoce. Ainsi notre être de prêtre n'est donc pas autre chose qu'une nouvelle et radicale façon d'être configuré au Christ et plus intimement uni à Lui.

« Je ne vous appelle plus serviteurs, car le serviteur ne sait pas ce que fait son Maître, mais je vous appelle amis, parce que tout ce que j'ai entendu de mon Père, je vous l'ai fait connaître » (Jn 15, 15). Notre appel au sacerdoce, en marquant le moment le plus élevé dans l'usage de notre liberté, a provoqué la grande et irréversible option de notre vie, et donc la page la plus heureuse, la plus noble, la plus belle de notre expérience humaine. Notre bonheur et la pleine réalisation de notre existence consistent à ne jamais décevoir Dieu, en méprisant ou en accueillant avec négligence et à la légère le trésor inestimable de la grâce sacerdotale.

VI

Vocation à la prière

À partir d'une méditation de saint Bernard de Clairvaux

Introduction

Qu'il est revigorant de relire saint Bernard ! Voilà un homme capable de grande douceur et de douce poésie quand il s'adresse à la Vierge Marie. Et pourtant voici un prêtre capable de dénoncer avec force et fermeté le péché de ses contemporains. Dans le *De consideratione*, saint Bernard écrit au Pape Eugène III, qui avait été moine cistercien et donc son disciple et son élève. Les conseils avisés et fermes qu'il lui donne sont valables pour tout prêtre encore aujourd'hui. Ils ont même une singulière actualité. En effet Bernard de Clairvaux, au XIIe siècle, vient au terme de ce qu'on appelle, dans l'histoire de l'Église, la réforme grégorienne. Ce mouvement qui traverse les Xe, XIe et XIIe siècles visait à libérer l'Église de l'emprise des autorités séculières. En s'ingérant dans le gouvernement et les nominations ecclésiales, le pouvoir politique avait fini par produire une véritable décadence du clergé. Prêtres concubinaires, engagés dans le commerce ou les affaires politiques s'étaient multipliés. La réforme grégorienne se caractérise par la volonté de retrouver l'Église du temps des Actes des Apôtres. Ce mouvement ne s'appuie pas d'abord sur des réformes institutionnelles mais sur le renouveau de la sainteté des prêtres.

N'avons-nous pas besoin d'une réforme semblable aujourd'hui ? N'avons-nous pas besoin d'une nouvelle réforme grégorienne ? En effet, la puissance séculière du monde a de nouveau pris le pouvoir dans l'Église. Cette fois, ce n'est pas du pouvoir politique qu'il s'agit, mais du pouvoir culturel. Il y a bien une nouvelle lutte du sacerdoce et de l'empire. Mais l'empire est désormais la culture relativiste, hédoniste et consumériste qui s'est infiltrée partout. Il est temps de la repousser dehors car elle n'est pas conciliable avec l'Évangile. Il est temps de reconquérir la liberté de notre cœur face aux diktats du monde qui proclament le règne de la matière triomphante et de l'orgueil du moi. Nous devons revendiquer la gloire de notre divin roi dont les attributs sont la Croix et l'humilité de la crèche. Les mêmes causes produisent les mêmes effets : comme au Moyen Âge, l'infiltration du monde dans l'Église engendre chez les prêtres les scandales sexuels et financiers, et enfante les abus d'autorité et un assèchement spirituel mortel.

Il nous faut, comme au XIIe siècle, prendre les moyens d'une cure de fond, d'une purification radicale. Le seul remède est la sainteté. Comme nous le rappelle le Pape saint Jean-Paul II : « Par la force de l'Esprit, Jésus appartient totalement et exclusivement à Dieu, il participe à l'infinie sainteté de Dieu qui l'appelle, le choisit et l'envoie. Ainsi, l'Esprit du

Seigneur se révèle source de sainteté et appel à la sanctification [...]. L'affirmation du Concile : "L'appel à la plénitude de la vie chrétienne et à la perfection de la charité s'adresse à tous ceux qui croient au Christ, quels que soient leur état de vie ou leur forme de vie", s'applique tout spécialement aux prêtres ; ils sont appelés, non seulement en tant que baptisés, mais aussi et spécialement en tant que prêtres, à savoir à un titre nouveau et selon des modalités propres, découlant du sacrement de l'Ordre[1]. »

Saint Bernard nous donne une clef pour libérer le prêtre des chaînes de la culture mondaine : la prière. Le prêtre a bel et bien une vocation à la prière. Il n'est pas seulement obligé de prier les heures du bréviaire. Il est appelé par Dieu, en tant que prêtre, à prier pour tous et au nom de tous. La prière n'est pas l'œuvre spécifique des seuls moines. Elle est une part essentielle et principale de la vocation sacerdotale.

Comme saint Bernard le dit superbement, « puisque vous êtes tout à tous, soyez-le aussi à vous-même ». Un prêtre qui ne prie pas vit dans l'illusion de la générosité et du don de soi. Le temps qu'il consacre à la prière n'est pas du temps volé aux autres. Au contraire, en consacrant du temps à Dieu, le prêtre se rend encore plus disponible pour mieux se donner. Certes, il est parfois difficile au milieu de tant de sollicitations de trouver le temps. Nous devons croire que sans prière toute notre agitation est vaine. Elle

---

1. Saint Jean-Paul II, exhortation apostolique post-synodale *Pastores dabo vobis*, 25 mars 1992, n° 19.

risque de se transformer en action sociale plus que sacerdotale. Les fidèles ont besoin de nous voir prier longuement. Ils savent intuitivement qu'un prêtre qui prie est un prêtre qui les aime. Au contraire, le prêtre qui cesse de prier tombe immanquablement dans l'illusion, perd le sens de la doctrine sûre et vraie, et doute de lui-même. Combien de fois n'avons-nous pas dit d'un prêtre qui quitte le ministère dans des conditions tragiques : « Cela faisait longtemps qu'il ne priait plus ! » Il y a urgence. La réforme du clergé commence par une réforme de la vie intérieure des prêtres. Il est temps de redécouvrir notre vocation à la prière.

Qu'est-ce que prier ? Pour répondre à cette question vitale nous voulons donner la parole à sainte Thérèse de l'Enfant-Jésus qui, parlant de l'oraison, écrit : « Pour moi, la prière, c'est un élan du cœur, c'est un simple regard jeté vers le ciel, c'est un cri de reconnaissance et d'amour au sein de l'épreuve comme au sein de la joie ; enfin c'est quelque chose de grand, de surnaturel, qui me dilate l'âme et m'unit à Jésus [...]. Quelquefois, lorsque mon esprit est dans une si grande sécheresse qu'il m'est impossible d'en tirer une pensée pour m'unir au Bon Dieu, je récite très lentement un "Notre Père" et puis la salutation angélique ; alors ces prières me ravissent, elles nourrissent mon âme bien plus que si je les avais récitées précipitamment une centaine de fois[1]. »

1. Sainte Thérèse de l'Enfant-Jésus, manuscrit autobiographique, Ms C, fol. 25.

Prier, ce n'est donc pas réciter précipitamment et comme machinalement des prières ou son bréviaire. Prier, c'est se prosterner devant Dieu dans un silence de stupeur et d'émerveillement pour l'adorer et Lui dire que nous l'aimons, pour Lui rendre grâce de tous ses bienfaits, pour chanter sa gloire et exalter sa puissance de salut en faveur des hommes. Prier, c'est consacrer du temps pour contempler Dieu, le regarder face à face et se laisser regarder par Lui. Le grave danger que nous courons dans notre ministère sacerdotal, c'est l'activisme, « l'hérésie des œuvres », cette mentalité mondaine qui n'admet pas que, dans la journée, une part notable de notre temps soit consacrée à la prière silencieuse et à se tenir devant Dieu. On ne voit plus l'utilité de vies entières vouées exclusivement à la prière et au sacrifice pour faire jaillir des sources de vie profonde et de sainteté dans l'Église. L'activisme dans la vie sacerdotale est le résultat d'une tendance fortement ancrée qui consiste à nier pratiquement l'action de l'Esprit-Saint dans l'âme et dans l'Église. L'activisme anémie toute notre vie spirituelle, stérilise l'apostolat, même paré de succès extérieurs brillants, et risque de conduire à de lamentables catastrophes morales et spirituelles. C'est pour nous éviter de tels dangers que saint Jean de la Croix nous exhorte à l'oraison et à la réflexion : « Qu'ils réfléchissent, ceux qui s'adonnent à une activité sans mesure, qui s'imaginent qu'ils vont englober le monde dans leurs prédications et leurs œuvres extérieures. Ils seraient beaucoup plus utiles à l'Église et plairaient bien davantage à Dieu – sans parler du bon exemple qu'ils donneraient – s'ils employaient à se tenir devant Dieu en oraison la moitié du temps qu'ils consacrent à l'activité [...]. Sans l'oraison régulière, tout se réduit à frapper des coups de marteau, pour ne produire à peu près rien, ou même absolument rien, et parfois plus de mal que de bien. [...] Admettons qu'il y ait extérieurement quelque bien produit. Au fond et quant à la substance, il n'y en aura point, car, c'est chose indubitable, le bien ne se fait que par la vertu de Dieu[1]. »

Saint Bernard, De consideratione *et extraits divers*

Lettre 42 de saint Bernard, ou « Traité à Henri,
archevêque de Sens, sur les mœurs
et les devoirs des évêques »

Mais, prêtre du Très-Haut, à qui voulez-vous plaire ? Est-ce au monde, est-ce à Dieu ? Si c'est au monde, pourquoi vous êtes-vous fait prêtre ? [...] Si vous voulez plaire au monde, je vous demande pourquoi vous avez reçu le sacerdoce ; vous savez bien qu'on ne peut servir deux maîtres à la fois. [...] Et l'Apôtre ne dit-il pas : « Si j'étais au gré des hommes, je ne serais pas le serviteur de Jésus-Christ » (Ga 1, 10) ? Ainsi, en voulant plaire aux hommes, vous ne sauriez plaire à Dieu ; mais si vous ne lui plaisez point, comment vous le rendrez-vous propice ? [...] Car enfin si vous êtes prêtre, vous êtes pasteur, et le peuple est votre troupeau ; or ne doit-il y avoir aucune

1. Jean de la Croix, *Œuvres complètes*, Cerf, 1990, Le Cantique Spirituel B, str. 29, 3.

différence entre les brebis et le berger qui les mène ? Si, comme moi qui ne suis qu'une brebis, celui qui me fait paître marche les yeux et le corps inclinés vers la terre, tout occupé à rassasier son ventre pendant que son âme est à jeun, qu'est-ce qui le distingue de moi ? Malheur au troupeau si le loup vient à fondre sur lui, car il ne se trouvera personne pour l'apercevoir avant qu'il arrive, pour marcher à sa rencontre et lui disputer sa proie. Convient-il que le pasteur soit comme son troupeau uniquement occupé à assouvir les appétits des sens, esclave de basses pensées, avide des biens de la terre, au lieu de marcher le front haut et levé comme il appartient à l'homme de regarder le ciel, de rechercher et de goûter les choses d'en haut, non point celles d'ici-bas[1] *?*

De la conversion, XIX

« [Ceux] que le Père céleste appelle des hommes au cœur pur, ce sont ceux qui, au lieu de rechercher leurs propres intérêts, n'ont en vue que ceux de Jésus-Christ, et qui ne demandent point ce qui leur est utile à eux, mais ce qui l'est à tout le monde. « Pierre, m'aimes-tu ? dit le Sauveur du monde. – Seigneur, vous savez que je vous aime. – Pais mes brebis, reprend le divin Maître » (Jn 21, 15-17). Comment aurait-il confié ses bien-aimées brebis à un pasteur qui ne l'eût point aimé lui-même ? [...] Malheur aux ministres infidèles qui se chargent de réconcilier les autres quand ils ne sont pas encore réconciliés eux-mêmes, comme pourraient

1. Saint Bernard de Clairvaux, *Lettre 42 de saint Bernard, ou « Traité à Henri, archevêque de Sens, sur les mœurs et les devoirs des évêques »*, dans *Œuvres complètes*, traduction par l'abbé Charpentier, t. I, Paris, 1866.

le faire des hommes justes en tout point ! Malheur à ces enfants de colère qui s'érigent en ministres de miséricordes ! Malheur à ces enfants de colère qui portent l'audace jusqu'à s'arroger le titre et le rang qui ne conviennent qu'aux hommes pacifiques ! Malheur à ces enfants de colère qui se déguisent en fidèles médiateurs de paix pour s'engraisser des péchés du peuple ! [...] Car c'est avec cette impudence qu'on voit des hommes qui n'ont jamais entendu la Parole du Seigneur les invitant à rentrer en eux-mêmes ou qui, l'ayant entendue, se sont enfuis comme Adam pour aller se cacher sous d'épais feuillages, usurper le rang et les fonctions des hommes pacifiques et des vrais enfants de Dieu. Aussi n'ont-ils pas cessé, jusqu'à présent, de faire le mal, ils traînent encore les débris du filet où ils ont été pris, ils n'ont pas jusqu'ici ouvert les yeux sur leur indigence (Jr 3, 1) ; chacun d'eux dit au contraire : « Je suis riche, je n'ai besoin de rien, tandis qu'il est pauvre, malheureux, misérable et nu » (Ap 3, 17). Ils ne possèdent point cet esprit de douceur si nécessaire pour reprendre les pécheurs, en veillant sur eux-mêmes, pour ne point tomber, à leur tour, dans la tentation[1].

« On ne doit point s'occuper des autres
au point de se négliger soi-même »,
De consideratione, livre 1

Voici donc d'un côté ce que je blâme, et de l'autre ce que j'approuve. Je ne puis que vous blâmer si vous

1. Saint Bernard de Clairveaux, *Sermon ou livre de saint Bernard abbé aux prêtres sur la conversion*, in *op. cit.*

consacrez tout ce que vous avez de temps et de faculté à l'action, sans rien en réserver pour la prière, et je pense que vous ne serez pas moins blâmé de quiconque a appris de Salomon que : « Celui qui sait se modérer dans l'action acquerra la sagesse (Si 37, 25) ». D'ailleurs l'action elle-même n'a rien à gagner à n'être pas précédée de la prière.

Si vous voulez être tout à tous à la manière de celui qui le fut le premier, je ne puis que louer votre humilité, à condition toutefois qu'elle soit complète : or, comment en sera-t-il ainsi si vous êtes tout à tous, excepté à vous-même ? Car enfin vous aussi vous êtes homme : donc, pour que votre dévouement soit plein et entier, il faut qu'il s'étende jusqu'à vous en s'étendant aux autres. Autrement, comme le dit le divin Maître, à quoi vous servirait de gagner tous les autres si vous vous perdiez vous-même ?

Ainsi donc, puisque vous êtes tout à tous, soyez-le aussi à vous-même. Faut-il qu'il n'y ait que vous au monde qui soyez privé de vous ? Serez-vous toujours tout entier au-dehors et jamais au-dedans ? Serez-vous le seul que vous ne puissiez recevoir à votre tour quand vous faites accueil à tout le monde ? Vous vous devez aux sages et aux insensés ; ne vous devez-vous point à vous-même ? Le sage et l'insensé, l'homme libre et l'esclave, le riche et le pauvre, l'homme et la femme, le jeune homme et le vieillard, le clerc et le laïc, le juste et le pécheur, tout le monde, enfin, usera de vous, viendra puiser à votre cœur comme à une fontaine publique, et vous seul demeurerez à l'écart sans pouvoir étancher votre soif ! Si on maudit celui qui diminue sa part, que sera-ce de celui qui s'en prive tout à fait ? Je veux bien que vous répandiez vos eaux jusque sur les places publiques, que vous abreuviez non seulement les hommes, mais leurs bêtes de somme et leurs troupeaux, et jusqu'aux chameaux du serviteur d'Abraham, mais au moins buvez aussi comme les autres à votre propre puits. « L'étranger, a dit le Sage, ne boira pas de ces eaux-là (Pr 5, 17) » ; mais vous, êtes-vous l'étranger dont il parle ? Pour qui ne le serez-vous pas si vous l'êtes pour vous-même ? Enfin le Sage demande pour qui sera bon celui qui ne l'est pas pour lui-même (Si 14, 5). Souvenez-vous donc, je ne dis pas toujours, je ne dis même pas souvent, mais souvenez-vous au moins quelquefois de vous rendre à vous-même. Servez-vous de vous, sinon avec, du moins après tout le monde : peut-on moins exiger de vous ? [...] Je n'en finirais pas si je voulais vous dire toutes les choses pleines de force, de justesse et de vérité qui me viennent en ce moment à l'esprit sur ce sujet ; mais puisque les temps sont mauvais, je me bornerai à vous recommander de ne pas vous adonner tout entier ni constamment à l'action, mais de réserver au moins une partie de votre temps et de votre cœur pour la prière. Et certes vous devez voir qu'en tenant ce langage je tiens beaucoup plus compte de ce qui est que de ce qui devrait être ; d'ailleurs il n'est pas défendu de céder à la nécessité. Il est bien certain que si on était libre de faire tout ce qu'il y a à faire, il faudrait sans contredit préférer en tout et avant tout, et pratiquer sinon exclusivement, du moins beaucoup plus que tout le reste, ce qui est bon à tout, je veux dire la piété. La raison même le démontre d'une manière invincible.

Vous me demandez ce que j'entends par la piété. C'est la pratique de la prière, et ne croyez pas que je sois d'un autre sentiment sur ce point que celui qui a défini la piété, le culte de Dieu, il n'en est absolument rien ; et si vous y réfléchissez, vous verrez que mes paroles ont, au moins en partie, le même sens que les siennes. En effet, qu'est-ce qui se rapporte davantage au culte de Dieu que ce que Dieu même nous recommande en ces termes, par la bouche du Psalmiste : « Soyez dans un saint repos et considérez que c'est moi qui suis le véritable Dieu » (Ps 45, 11) ? N'est-ce pas le rôle principal de la prière ? D'ailleurs, que peut-on voir qui soit aussi évidemment utile à tout, que ce qui, par une sorte d'anticipation salutaire, s'approprie le rôle de l'action elle-même, en faisant en quelque sorte et en réglant d'avance tout ce qu'on doit faire plus tard ? Il faut bien après tout suivre cette marche si on ne veut pas que des choses qui peuvent être fort utiles, si elles sont faites avec réflexion et prévoyance, ne deviennent nuisibles par suite de la précipitation avec laquelle on les fait ; ainsi que vous aurez pu vous en convaincre souvent vous-même, si vous voulez rappeler vos souvenirs, dans le jugement des causes portées à votre tribunal et dans la solution donnée aux questions graves et importantes soumises à votre décision.

La prière a pour premier effet de purifier sa propre source, c'est-à-dire, l'âme où elle se produit ; ensuite elle règle les affections, dirige les actes, corrige les excès, forme les mœurs, rend la vie honnête et régulière ; elle donne enfin la science des choses divines et humaines. Elle fait succéder l'ordre à la confusion, elle rapproche ce qui s'écarte et réunit ce qui se disperse, elle pénètre les choses secrètes, recherche avec soin la vérité, examine ce qui n'en a que les apparences et découvre la fausseté et le mensonge. Elle règle et dispose d'avance ce qu'on doit faire, et revient sur ce qui est fait afin de ne rien laisser dans l'âme qui n'ait été corrigé ou qui ait besoin de l'être encore. Enfin, dans la prospérité, elle pressent les revers, et dans les revers, elle semble ne les point sentir : deux effets qui tiennent l'un à la force et l'autre à la prudence[1].

Méditation

À la suite de saint Bernard, apprenons à prier. Prier, c'est d'abord fixer son regard sur Jésus. L'Épître aux Hébreux définit et complète de façon plus détaillée ce qu'est la prière : « En conséquence, frères saints, vous qui avez en partage une vocation céleste, fixez bien votre regard sur Jésus, l'Apôtre et le Grand Prêtre de notre profession de foi Jésus ; il est digne de foi pour Celui qui l'a institué, tout comme Moïse, sur toute sa Maison » (He 3, 1-2). C'est la même idée qu'expriment les Actes des Apôtres, lors du martyre de saint Étienne : « Tout rempli de l'Esprit-Saint, [Étienne] fixa son regard vers le ciel ; il vit la gloire de Dieu et Jésus debout à la droite du Père. [...] Puis il fléchit les genoux et dit, dans un grand cri : "Seigneur, ne leur impute pas ce péché." Et en disant cela, il s'endormit » (Ac 7, 55.60).

1. Saint Bernard de Clairvaux, *Les cinq livres de la considération de saint Bernard, premier abbé de Clairvaux, au Pape Eugène III*, livre 1, in *op. cit.* Le mot « *consideratio* », traduit par l'abbé Charpentier par « considération », a été retraduit systématiquement par l'auteur par « prière ».

Nous sommes tous invités, mais plus spécifiquement nous les prêtres, à une vie de contemplation. Car le prêtre ou « le missionnaire, s'il n'est pas un contemplatif, ne peut annoncer le Christ d'une manière crédible. Il est témoin de l'expérience de Dieu et doit pouvoir dire comme les Apôtres : "Ce que nous avons entendu, ce que nous avons vu de nos yeux, ce que nous avons contemplé, ce que nos mains ont touché du Verbe de vie […], nous vous l'annonçons" (1 Jn 1, 1-3)[1] ». Nous sommes donc exhortés à contempler le Christ glorieux, assis à la droite du Père. La prière fréquente, dense et intime ravive notre relation filiale avec Dieu et nous rend plus conscients de la nécessité vitale de nos rapports personnels avec Lui. Cette prière contemplative est d'une importance fondamentale pour la vie sacerdotale, elle est d'une inépuisable fécondité et d'une infaillible efficacité. Qu'est-ce que Dieu peut refuser à la prière qui sort d'un cœur qui aime et vit dans la vérité ? La vraie prière, ce regard silencieux et contemplatif porté sur Jésus, renforce la foi. Tertullien le confirme dans son *Traité sur la prière*. Il y écrit : « Nous sommes les vrais adorateurs et les vrais sacrificateurs. En priant dans l'Esprit, c'est par l'Esprit que nous offrons en sacrifice la prière, victime qui revient à Dieu, qui lui plaît, qu'il a recherchée, qu'il s'est destinée. C'est elle, offerte de tout cœur, nourrie de la foi, guérie par la vérité, gardée parfaite par l'innocence, purifiée par la chasteté, couronnée par l'amour – c'est elle, la prière, que nous devons conduire jusqu'à l'autel

1. Sain Jean-Paul II, *Redemptoris missio*, n° 91, 7 décembre 1990.

de Dieu, avec la procession des bonnes œuvres, parmi les psaumes et les hymnes ; c'est elle qui obtiendra tout de Dieu en notre faveur[1]. » Le Christ ressuscité, Notre-Seigneur et Notre Dieu, est digne de foi. Nous devons adhérer, sans aucune réserve, à sa Parole, à son enseignement, à ses commandements et à ses lois ; alors notre prière sera entendue et exaucée selon les saints vouloirs de Dieu.

L'Épître aux Hébreux affirme que la contemplation du Christ glorifié produit une autre forme de prière, que nous pouvons appeler prière d'écoute attentive et silencieuse. Car prier, ce n'est pas seulement parler à Dieu, chanter pour le Seigneur ou dire des prières, mais c'est réussir à garder le silence pour écouter l'Esprit-Saint. Saint Paul dit, en effet, que « nous ne savons que demander pour prier comme il faut, mais l'Esprit lui-même intercède pour nous en des gémissements ineffables et Celui qui sonde les cœurs sait quel est le désir de l'Esprit et que son intercession pour les saints correspond aux vues de Dieu » (Rm 8, 26-27).

C'est pour cette raison que l'Épître aux Hébreux joint immédiatement à l'invitation à la contemplation une exhortation à l'écoute. Aussi citant le psaume 95, elle dit : « Aujourd'hui si vous écoutez sa voix ! "N'endurcissez pas vos cœurs" » (Ps 95, 7-8 ; He 9, 4 ; He 3, 7-8 ; He 3, 15). Ces paroles sont répétées trois fois pour bien marquer l'importance de la prière d'écoute. Cette écoute mobilise et

1. Tertullien, *Traité sur la prière*, in *La Liturgie des Heures*, t. 2, Cerf-Desclée de Brower-Mame, 1980.

engage toute notre intelligence, notre volonté, notre liberté, tout notre cœur et notre corps. On voit bien que la contemplation chrétienne n'est pas une attitude passive, de spectateur. Elle prend et implique tout notre être. Bien plus la contemplation de la gloire du Christ nous pousse à être attentifs à un appel intérieur qui nous met en mouvement vers Dieu, produit en nous une docilité active, nous rend plus conscients de notre vocation céleste (He 3, 1) et nous invite à travailler pour étouffer en nous le vacarme et les bruits du monde et nous prépare à entrer dans le Royaume de Dieu. C'est précisément cette contemplation-écoute qu'expérimentent Pierre, Jacques et Jean au mont Tabor lors de la Transfiguration de Jésus. Là aussi ils furent invités à passer de la vision à l'écoute : « [Jésus] fut transfiguré devant eux : son visage resplendit comme le soleil, et ses vêtements devinrent blancs comme la lumière. [...] Comme il parlait encore [...] voici qu'une voix disait de la nuée : "Celui-ci est mon Fils bien-aimé qui a toute ma faveur. Écoutez-le." À cette voix, les disciples tombèrent sur leurs faces, tout effrayés » (Mt 17, 2.5-6).

Prier, pour nous prêtres, c'est aussi accueillir les épreuves et les souffrances. On nous en confie tant dans notre ministère ! C'est pourquoi faire oraison nous demande de contempler souvent la Passion du Christ et sa Gloire au Ciel pour nous stimuler et nous encourager à assumer avec foi, sérénité et amour les persécutions, les épreuves et les souffrances inhérentes à la vie sacerdotale. Lorsque nous faisons oraison ou prions, songeons à Jésus au jardin de Gethsémani, qui nous supplie en disant : « Mon âme est triste à en mourir, demeurez ici et veillez avec moi » (Mt 26, 38). La méditation sur les souffrances que Jésus a endurées de la part des pécheurs et la contemplation de sa gloire seront assurément une source d'énergie pour ne pas défaillir par lassitude de nos âmes. N'est-ce pas ce que Jésus ressuscité essaie de faire comprendre aux disciples d'Emmaüs, déçus, tristes et découragés : « Ne fallait-il pas que le Christ endurât ces souffrances pour entrer dans sa Gloire ? » (Lc 24, 26).

En effet, dans la foi, nous ne contemplons pas la gloire de Jésus comme une réalité qui serait en dehors de nous. Par la foi, nous sommes dans la certitude d'être déjà devenus « participants du Christ » (He 3, 14), d'avoir déjà reçu « la possession d'un royaume inébranlable » (He 12, 28) et d'être déjà « admis à entrer dans le sanctuaire par le sang de Jésus, par cette voie qu'il a inaugurée pour nous, nouvelle et vivante, […] c'est-à-dire sa chair » (He 10, 19-20).

Nous pouvons encore entrer dans la prière contemplative en prenant pour guide cette exhortation : « Approchons-nous de Dieu. » C'est une manière originale et très sacerdotale d'expliquer ce qu'est la prière contemplative. En général, le vocabulaire de la contemplation est statique. Celui qui contemple est en état de quiétude, de repos intérieur et de sereine tranquillité. Il ressent ses facultés s'apaiser dans un regard profond et vivant devant la majesté divine et se tient devant Dieu avec toute la vigueur de son intelligence et la tendresse de son amour théologal. Or l'expression « avancer vers Dieu », ou « s'approcher vers Dieu », ou « se tenir devant Dieu » (Gn 18, 22-23 ; Dt 29, 9 ; 1 S 6, 21 ; 1 R 17, 1) indique un mouvement : aller, entrer, s'avancer, s'approcher. Pour désigner les prêtres, il n'est pas dit : « Ceux qui contemplent le Christ », ni même « ceux qui invoquent le nom du Seigneur ». Mais on les désigne comme ceux qui, par le Christ, s'approchent de Dieu, puisqu'il est toujours vivant pour intercéder en leur faveur (cf. He 7, 25). L'exhortation la plus vive de l'Épître aux Hébreux est : « Avançons-nous donc avec assurance vers le trône de la grâce, afin d'obtenir miséricorde et de trouver grâce, pour une aide opportune » (He 4, 16). Et parce que c'est l'exhortation la plus importante de toute l'Épître, elle est répétée : « Approchons-nous avec un cœur [...] nettoy[é] de toutes les souillures d'une conscience mauvaise et le corps lavé d'une eau pure » (He 10, 22). Cette invitation dynamique à nous approcher de Dieu dépasse la simple exhortation à la prière. Elle entraîne toute la vie et l'existence sacerdotale. Elle vise une vie de relation de plus en plus personnelle et intime avec Dieu, en vertu du sacrifice du Christ. L'invitation à aller avec confiance et dans la paix intérieure est la caractéristique spécifique de la situation du prêtre dans sa stupéfiante nouveauté. Elle montre l'importance primordiale de la prière et de la liturgie vécues dans une ambiance de recueillement, de silence, comme un mouvement intérieur vers Dieu.

La vie sacerdotale, comme la vie chrétienne, est une existence liturgique et donc de relation permanente avec le Seigneur. Soulignons combien la situation des chrétiens par rapport à celle des Israélites apparaît nettement privilégiée, quand on se réfère au culte. Dans l'Ancien Testament, l'organisation du culte était réglée par de nombreuses et sévères prohibitions. Il n'était pas permis d'aller vers Dieu. Le Grand Prêtre lui-même n'était pas autorisé à pénétrer librement dans le sanctuaire pour offrir à Dieu les prières du peuple. Il ne pouvait le faire qu'une fois par an, au cours d'une solennelle cérémonie d'expiation. Pour tous les autres, la prohibition était permanente, sous peine de mort (Lv 16, 1-2). La grande nouveauté proclamée par le Nouveau Testament et plus spécialement par l'Épître aux Hébreux, c'est que, grâce au Christ, le passage est libre : les chrétiens et plus spécifiquement les prêtres ont la « *parrhesia* », c'est-à-dire le droit et la liberté de se présenter devant Dieu, non pas, bien sûr, dans la vulgarité, l'irrespect et la banalisation liturgique, mais avec crainte, stupeur, tremblement, dans un sens aigu de la sacralité de ce moment de contact avec Dieu. Ils veilleront à se réconcilier d'abord avec Dieu et leur prochain, et se prosterneront, comme « les vingt-quatre vieillards [de l'Apocalypse], [...] devant Celui qui siège sur le Trône pour adorer Celui qui vit dans les siècles des siècles ; en jetant leurs couronnes devant le Trône de Dieu » (cf. Ap 4, 10).

Cette situation nouvelle produit évidemment de considérables changements quant à la liturgie : désormais, le Christ y a toujours le primat absolu. Il en est le centre. C'est lui qui s'offre à nouveau sur la Croix. C'est lui qui célèbre et nous associe à sa célébration pour nous faire entrer dans le mystère de sa Passion, de sa Mort et de sa Résurrection. Nous, prêtres, nous ne sommes que de simples instruments, des intendants des mystères du Christ. Nous ne sommes que les gardiens et les protecteurs du dépôt de la foi avec l'aide de l'Esprit-Saint qui habite en nous (cf. 2 Tm 1, 13-14). Ainsi la liturgie n'est plus simplement la célébration extérieure d'un rite, mais le dynamisme spirituel qui jaillit du sacrifice du Christ. Dans la liturgie, tout part du Christ et aboutit à Lui. Tout est œuvre du Christ à laquelle il associe son Église. Il est donc clair que l'invitation à accéder à Dieu par le Christ s'opère d'abord dans la liturgie chrétienne. La liturgie bien comprise et correctement vécue est loin d'être un folklore, un étalage de nos héritages culturels ou ancestraux propres. Elle est « *opus Dei* », une œuvre de Dieu pour notre salut. Ainsi dans la liturgie eucharistique, la plus grande prière chrétienne, nous entrons dans le sanctuaire grâce au sang et à la chair du Christ et sous la conduite de notre Grand Prêtre : le Christ. Nous allons avec Lui à Dieu, animés par la foi, l'espérance et la charité. Notre prière de prêtre doit entrer dans ce grand mystère de l'offrande et du sacrifice du Christ. « Au contraire, ayant offert pour les péchés un unique sacrifice, [Jésus-Christ] s'est assis pour toujours à la droite de Dieu, attendant désormais que ses ennemis soient placés [...] sous ses pieds. Par une oblation unique, il a rendu parfaits pour toujours ceux qu'il sanctifie » (He 10, 12-14).

L'Épître aux Hébreux utilise une formule dynamique. Elle dit : « Par Lui, offrons à Dieu un sacrifice de louange en tout temps, c'est-à-dire l'acte de foi qui sort de nos lèvres en l'honneur de son nom »

(He 13, 15). Et pour dire « offrir », le texte original emploie un verbe qui exprime un mouvement vers le haut : « élevons un sacrifice », comme pour dire que nous sommes dans un contexte de célébration eucharistique. L'Eucharistie constitue certainement le moment le plus significatif et le plus important de ce sacrifice de louange, mais l'orientation reçue alors doit s'étendre à toute la vie du prêtre. Toute notre journée et toutes nos activités sacerdotales doivent être une célébration eucharistique permanente, une prière permanente. Nous retrouvons, ici, une pensée et des convictions chères à saint Paul : « En toute condition soyez dans l'action de grâces. C'est la volonté de Dieu sur vous dans le Christ Jésus » (1 Th 5, 18). « Récitez entre vous des psaumes, des hymnes et des cantiques inspirés ; chantez et célébrez le Seigneur de tout votre cœur. En tout temps et à tout propos, rendez grâce à Dieu le Père, au nom de Notre-Seigneur Jésus-Christ » (Ep 5, 19-20). « Et quoi que vous puissiez dire ou faire, que ce soit toujours au nom du Seigneur Jésus, rendant par Lui grâce au Dieu Père » (Col 3, 17). La prière de louange devra imprégner et impliquer toute notre existence de prêtres et constituer notre offrande permanente.

Le sacrifice est la forme la plus complète de la prière, le mode le plus parfait pour entrer en relation intime avec Dieu. Le Christ a montré que le sacrifice offert à Dieu et le dévouement envers les frères et sœurs ne sont pas deux secteurs séparés de notre existence. Son sacrifice sur la Croix a uni de la façon la plus étroite les deux dimensions de l'amour, en étant à la fois et d'abord un acte de parfaite obéissance filiale à Dieu et la plus haute expression d'amour pour ses frères les hommes. À l'exemple de Jésus et avec la force obtenue dans son sacrifice, la vie chrétienne et sacerdotale doit continuellement unir ces deux dimensions : l'offrande de la prière et l'offrande de la charité.

Notons que ces deux aspects sont d'autant moins séparables que la bienfaisance à l'égard des autres s'exerce aussi par la prière pour eux. Car prier les uns pour les autres est une forme très importante de la véritable charité chrétienne (He 13, 18).

« La prière chrétienne, écrit P. Albert Vanhoye, n'est pas seulement illuminée par ce mystère grâce à la contemplation du Christ, mais elle est également conformée et repose sur l'intervention actuelle du Christ qui, reconnaissant en nous ses frères, nous ouvre la possibilité d'aller à Dieu avec confiance et imprime dans notre vie un mouvement d'offrande généreuse[1]. »

Comme les Apôtres, humblement disons à Jésus : « Seigneur, apprends-nous à prier, comme Jean l'a appris à ses disciples » (Lc 11, 1).

1. Albert Vanhoye, *Le Don du Christ,* « Lecture spirituelle », Paris, Bayard, 2005, p. 48.

VII

Une sainteté concrète

À partir d'une méditation de Benoît XVI

Introduction

J'ai souvent l'impression que les réunions, les retraites, les synodes rappellent de grandes et belles vérités mais que tout cela ne change rien dans la vie concrète. Ces grandes assemblées d'évêques ou de prêtres se contentent souvent d'écrire de belles réflexions et de publier des documents intellectuellement bien charpentés et soucieux de s'adapter à l'esprit et aux mentalités modernes des sociétés occidentales. Très rarement on tient compte des autres peuples du monde. On a l'impression qu'on voudrait entraîner le monde entier dans une vision des choses, de l'homme et de l'histoire purement occidentale. Tout semble organisé, pensé et pastoralement résolu uniquement selon les préoccupations et les problèmes de l'Occident, comme si l'Église catholique n'était qu'européenne et rien d'autre. On prend parfois le risque de falsifier la Parole de Dieu (cf. 1 Co 2, 16 ; 4, 2), de s'éloigner de Celui qui a dit : « Je suis le Chemin, la Vérité et la Vie » et de trahir la révélation et l'enseignement pérenne de l'Église. Certains écrits ou certaines déclarations ne semblent pas se préoccuper d'aider les fidèles chrétiens à rencontrer Jésus-Christ, à accueillir intégralement les exigences radicales de son Évangile et à consolider leur foi, en vue de nous laisser réellement configurer à Lui. Nous avons tendance à « spiritualiser », au mauvais sens du terme, les réalités chrétiennes. Nous en faisons en fait des idées, des fantômes. Prenons un exemple. On rappelle souvent au début du Carême que le jeûne qui compte est le jeûne du cœur et de l'esprit. On insiste pour dire que le jeûne n'est pas d'abord un exercice extérieur, un exploit. Tout cela est juste et bon. Mais on insiste tellement qu'on finit par négliger le jeûne du corps qui est le soutien du jeûne du cœur. Nous nous prenons pour des anges et nous croyons que rappeler la vérité suffit à la mettre en pratique. Or nous avons besoin de moyens concrets. L'exemple du Christ, qui a jeûné quarante jours et quarante nuits nous invite à faire comme Lui. Moïse a jeûné de façon répétée quarante jours et quarante nuits, chaque fois qu'il rencontrait Dieu « pour prendre les tables de pierre, les tables de l'Alliance que Yahvé concluait avec [nous] » (cf. Ex 34, 29 ; Dt 9, 9). Pendant la période de Carême où la discipline ancienne souligne l'importance de la maîtrise corporelle par le jeûne, l'abstinence et les veilles nocturnes, nous sommes fortement invités à réfléchir sur ce que représente le corps humain. L'Évangile appelle temple le corps de Jésus (Jn 2, 13-25). Le temple est le lieu où l'on offre des sacrifices à Dieu, l'espace sacré où Dieu se montre et où nous pouvons le rencontrer face à face. Le vendredi saint, quand le Corps du Fils de Dieu fut mis en croix, un sacrifice parfait, saint et agréable à Dieu fut offert pour le pardon des péchés, et Dieu révéla alors combien il nous a aimés jusqu'au bout de l'amour, autrement dit, jusqu'à la mort. Car aimer vraiment, c'est mourir pour ceux qu'on aime. Comment faisons-nous participer concrètement notre corps au temps de Carême ? Comment le préparons-nous pour qu'il soit réellement le temple de Dieu ? Pourquoi donc avons-nous cessé de jeûner concrètement, corporellement ? Pourquoi n'acceptons-nous plus de nous priver de nourriture, comme Jésus l'a fait pendant quarante jours et quarante nuits ? Trouvons-nous que cette pénitence et cette mortification de notre corps sont excessives, inutiles, obsolètes et inadaptées à notre époque où la production et la consommation sont signe de progrès ? Certes, nous ne devons pas nous contenter de réduire notre nourriture. Nous devons aussi et surtout nous abstenir absolument du péché, combattre nos tendances mauvaises. Il nous incombe de façon très concrète de nous renouveler quotidiennement et de nous armer pour combattre « le vieil homme qui va se corrompant au fil des convoitises décevantes, pour nous renouveler par une transformation spirituelle de nos jugements et revêtir l'Homme Nouveau, qui a été créé selon Dieu, dans la justice et la sainteté de la vérité » (Ep 4, 22-24). Nous devons lutter contre la routine de notre condition mortelle. Tous nous avons à travailler pour que personne ne demeure dans les vices de sa vie ancienne.

Appliquons cela à la vie sacerdotale. Il nous faut relire les Actes des Apôtres. Après avoir reçu le Saint-Esprit à la Pentecôte, les Apôtres, les premiers prêtres de l'Église, ne se sont pas contentés de louer Dieu et de l'annoncer au gré de la sobre ivresse de l'Esprit. Ils ont donné une forme et une consistance christocentriques et ecclésiales à leur vie. « La multitude des croyants n'avait qu'un cœur et qu'une âme. Nul ne disait sien ce qui leur appartenait, mais entre eux tout était commun. [...] Aussi parmi eux nul n'était dans le besoin ; car tous ceux qui possédaient des terres ou des maisons les vendaient, apportaient le prix de la vente et le déposaient aux pieds des apôtres. On distribuait alors à chacun suivant ses besoins » (Ac 4, 32.34). « Ils se montraient assidus à l'enseignement des apôtres, fidèles à la communion fraternelle, à la fraction du pain et aux prières » (Ac 2, 42).

J'ose poser la question : et si nous imitions les Apôtres ? La forme de vie apostolique ne devrait-elle pas devenir la forme de vie sacerdotale ? Dans l'histoire de l'Église, tous les renouveaux ont puisé leur source dans un retour à la Pentecôte. Nous avons besoin d'une Pentecôte sacerdotale.

Nous avons besoin de l'Esprit-Saint pour prendre les moyens concrets de la sainteté sacerdotale. Or être saint, c'est vivre parfaitement les vertus théologales et nous comporter en fils de Dieu, exactement comme notre Père Céleste a prévu que nous devrions nous comporter. Être saint, c'est nous conformer et tendre constamment vers ce pour quoi Dieu nous a destinés, à savoir, à devenir participants de la nature divine (cf. 2 P 1, 4). Tant que nous n'avons pas atteint ce pour quoi nous sommes faits, nous éprouverons en nous une angoissante inquiétude de l'âme qui désire et ressent la nostalgie de Dieu, ce que saint Augustin a exprimé dans le célèbre début de ses *Confessions* : « Tu nous as faits pour Toi, Seigneur, et notre cœur est sans repos tant qu'il ne repose en Toi[1]. » Parce que Lui, notre Dieu, est saint, nous devons nous aussi devenir des saints. Le Seigneur adressa la parole à Moïse : « Parle à toute la communauté des Israélites. Tu leur diras : Soyez saints, car moi, Yahvé votre Dieu, je suis saint » (Lv 19, 2). Dieu nous donne d'être, comme Lui, saints, parce que Lui est saint. Peut-être pensons-nous que c'est un idéal inaccessible et trop exorbitant, impossible. Eh bien, si vous vous sentez abattus, lorsque vous touchez du doigt, peut-être de façon particulièrement vive, votre petitesse, l'énormité de vos péchés et le néant, la poussière que vous êtes, mettez-vous en toute confiance entre les mains de Dieu, « car rien n'est impossible à Dieu » (Lc 1, 37). Lui est capable de réaliser en nous ce pour quoi il nous a élus dès avant le commencement du monde. Par nous-mêmes et en comptant sur nos propres forces nous sommes incapables de devenir saints. C'est pourquoi Jésus prie son Père en disant : « Sanctifie-les dans la vérité : ta parole est vérité. […] Pour eux, je me sanctifie moi-même, afin qu'ils soient, eux aussi, sanctifiés dans la vérité » (Jn 17, 17.19).

1. Saint Augustin, *Confessions*, t. 1, 1, 1.

On raconte qu'un jour un mendiant vint à la rencontre d'Alexandre le Grand et lui demanda l'aumône. Alexandre s'arrêta et ordonna de le faire seigneur de cinq villes. Le pauvre, confus et abasourdi, s'exclama : « Je n'en demandais pas tant ! » Et Alexandre de répondre : « Toi, tu as demandé selon ce que tu es, moi, je te donne selon ce que je suis. » Dieu donne toujours de façon surprenante. Comme prêtres, Dieu nous a déjà tout donné, selon ce qu'il est, par Jésus-Christ : « Je ne vous appelle plus serviteurs, car le serviteur ne sait pas ce que fait son maître, mais je vous appelle amis, parce que tout ce que j'ai entendu de mon Père, je vous l'ai fait connaître » (Jn 15, 15).

Benoît XVI, rencontre du Pape Benoît XVI avec le clergé du diocèse de Bressanone, 6 août 2008

[...] Je me trouve également parmi vous au milieu de ce processus de fatigue et de lutte intérieure, j'essaierai de dire quelques mots qui ne seront justement qu'une partie d'un dialogue plus large.

Dans ma réponse, je voudrais tenir compte de deux aspects fondamentaux. D'un côté, le caractère irremplaçable du prêtre, le sens et le mode du ministère sacerdotal aujourd'hui ; de l'autre côté – et cela ressort plus aujourd'hui qu'avant – la multiplicité des charismes et le fait que tous pris ensemble sont Église, édifient l'Église et que c'est pour cela que nous devons nous employer à réveiller les charismes, que nous devons prendre soin de cet être vivant ensemble afin qu'il soutienne ensuite le prêtre. Il soutient les autres, les autres le soutiennent, et ce n'est que dans cet ensemble complexe et diversifié que l'Église peut grandir aujourd'hui et aller vers l'avenir.

D'un côté, on aura toujours besoin du prêtre qui est complètement dévoué au Seigneur et, de fait, complètement dévoué à l'homme. Dans l'Ancien Testament se trouve l'appel à la sanctification qui correspond plus ou moins à ce que nous entendons par consécration, et également par l'ordination sacerdotale : quelque chose est confié à Dieu et est donc soustrait à la sphère du commun, donné à Lui. Mais cela signifie qu'il est désormais à la disposition de tous. C'est justement parce qu'il a été soustrait et donné à Dieu qu'il n'est plus désormais isolé mais a été élevé dans le « pour », dans le « pour tous ». Je pense que tout cela peut aussi se dire du sacerdoce de l'Église. Cela signifie que, d'un côté, nous sommes confiés au Seigneur, retirés de la sphère du commun, mais, de l'autre, nous sommes confiés à Lui pour que, de cette manière, nous puissions Lui appartenir totalement et totalement appartenir aux autres. Je pense que nous devrions sans cesse chercher à montrer cela aux jeunes – à eux qui sont idéalistes, qui veulent faire quelque chose pour l'ensemble – montrer que c'est justement cette « extraction hors de la sphère commune » qui signifie « don à l'ensemble » et que cela est une manière importante, la manière la plus importante pour servir ses frères. Le fait de se mettre à la disposition du Seigneur vraiment dans la totalité de son être et donc de se trouver totalement à la disposition des hommes fait aussi partie de cela. Je pense que le célibat est une expression fondamentale de cette totalité et déjà pour cela un grand rappel dans ce monde, parce qu'il n'a de sens que si nous croyons vraiment à la vie éternelle et si nous croyons que Dieu nous engage et que nous pouvons répondre à son appel.

Par conséquent, le sacerdoce est irremplaçable parce que dans l'Eucharistie, en partant de Dieu, il édifie toujours l'Église, parce que dans le Sacrement de la Pénitence il nous confère toujours la purification, parce que dans le Sacrement le sacerdoce est justement un engagement dans le « pour » de Jésus-Christ. Mais je sais parfaitement combien il est aujourd'hui difficile – quand un prêtre se retrouve à gérer non plus une paroisse de gestion facile, mais plusieurs paroisses ou unités pastorales ; quand il doit être à la disposition de ce conseil-ci, de ce conseil-là, etc. – combien il est difficile de vivre une telle vie. Je crois que dans cette situation, il est important d'avoir le courage de se limiter et la clairvoyance pour décider de ses priorités. Une priorité fondamentale de l'existence sacerdotale est d'être avec le Seigneur et donc d'avoir le temps pour la prière. Saint Charles Borromée disait toujours : « Tu ne pourras pas soigner l'âme des autres si tu laisses la tienne dépérir. À la fin, tu ne feras plus rien, pas même pour les autres. Tu dois avoir du temps pour toi pour être avec Dieu. » Je voudrais donc souligner ceci : quel que soit le nombre d'engagements qui se superposent, c'est une vraie priorité de trouver chaque jour, je dirais, une heure de temps pour rester en silence pour le Seigneur et avec le Seigneur, comme l'Église nous propose de le faire avec le bréviaire, avec les prières du jour, pour pouvoir ainsi s'enrichir toujours de nouveau intérieurement, pour retourner – comme je le disais dans ma réponse à la première question – dans le rayon du souffle de l'Esprit-Saint. Et, à partir de cela, trier ses priorités : je dois apprendre à voir ce qui est vraiment essentiel, voir où ma présence en tant que prêtre est absolument indispensable, là où je ne peux pas déléguer quelqu'un d'autre. Et dans le même temps, je dois accepter avec humilité, là où j'ai beaucoup de choses à faire, là où ma présence est requise, que je ne peux pas y arriver parce que je reconnais mes limites. Je crois qu'une telle humilité sera comprise par les autres.

Et je dois maintenant lier cela à l'autre aspect : savoir déléguer, demander aux gens de collaborer. J'ai l'impression que les gens comprennent et même apprécient quand un prêtre est avec Dieu, quand il s'occupe de sa charge d'être celui qui prie pour les autres : nous – disent-ils – nous ne sommes pas capables de prier autant, tu dois le faire pour moi ; au fond, c'est ton métier, pour ainsi dire, être celui qui prie pour nous. Ils veulent un prêtre qui s'engage honnêtement à vivre avec le Seigneur et qui soit ensuite à la disposition des hommes – des personnes qui souffrent, des personnes à l'article de la mort, des enfants, des jeunes (telles sont, dirais-je, ses priorités) – mais qui sache également distinguer les choses que d'autres peuvent faire mieux que lui, en faisant place à ces charismes. Je pense aux mouvements et aux multiples autres formes de collaboration dans les paroisses. On réfléchit ensemble à tout cela également dans un diocèse, on crée des formes et on promeut les échanges. Vous avez raison de dire qu'il est important de voir au-delà de la paroisse vers la communauté du diocèse, voire vers la communauté de l'Église universelle, qui à son tour, doit regarder ce qui se passe dans une paroisse et quelles sont les conséquences pour chaque prêtre.

Vous avez également abordé un autre point, très important à mes yeux : les prêtres, même s'ils vivent dans des lieux géographiquement éloignés les uns des autres, sont une vraie communauté de frères qui doivent se soutenir et s'aider réciproquement. Cette communion entre les prêtres est aujourd'hui plus que jamais importante. C'est justement pour ne pas tomber dans l'isolement, dans la solitude et son cortège de tristesses, qu'il est important de pouvoir se rencontrer régulièrement. Il est du devoir du diocèse d'établir comment organiser au mieux les rencontres entre prêtres – la voiture facilite aujourd'hui beaucoup les déplacements – afin que nous expérimentions toujours de nouveau, quoi qu'il arrive, notre être ensemble, que nous apprenions les uns des autres, que nous nous encouragions et que nous nous aidions réciproquement, que nous nous donnions du cœur à l'ouvrage et que nous nous réconfortions, afin que dans cette communion du presbyterium, avec notre évêque, nous puissions rendre notre service dans l'Église locale. Aucun prêtre n'est prêtre seul, nous sommes une communauté et ce n'est que dans cette communion avec l'évêque que chacun peut prêter son service. Or, cette belle communion, reconnue par tous sur le plan théologique, doit ensuite également se traduire en pratique, d'une manière déterminée par l'Église locale. Et elle doit s'élargir, parce que aucun évêque n'est évêque seul, mais seulement évêque dans le collège, dans la grande communion des évêques. C'est cette communion pour laquelle nous voulons toujours nous engager. Et je pense que cela est un aspect particulièrement beau du catholicisme : à travers le Primat, qui n'est pas une monarchie absolue, mais un service de communion, nous pouvons avoir la certitude de cette unité, de manière à ce que dans une grande communauté à tant de voix, toutes ensemble fassent résonner la grande musique de la foi dans ce monde.

Prions le Seigneur qu'il nous réconforte toujours quand nous pensons ne plus y arriver ; soutenons-nous les uns les autres, ce n'est qu'alors que le Seigneur nous aidera à trouver ensemble les voies justes.

Méditation

Nous devons donc nous unir à Lui par la foi, lui permettre que sa vie se manifeste et pénètre au plus intime de nous-mêmes. La sainteté nous donne d'appartenir à une foule immense de disciples authentiques du Christ, qui forment l'Église, son Corps, un Corps mystique fait de diverses races d'hommes et de femmes, de jeunes et de vieux, de pauvres et de riches, de pécheurs et de saints. Tous les dimanches, quand les fidèles chrétiens se réunissent pour l'adoration, ils deviennent un temple où Jésus-Christ renouvelle son sacrifice purificateur et sanctificateur, et où Dieu est présent. Au cœur de la célébration eucharistique, vécue dans la foi, le recueillement, le silence et la crainte révérencielle, regardez ceux qui sont là réunis sous le souffle de l'Esprit : vous savez immédiatement que vous voyez le Corps du Christ. Regardez Dieu, et vous verrez leurs visages fatigués ou rayonnant d'une joie intérieure, leurs sourires discrets ou leurs larmes, et vous saurez que vous voyez là le visage du Christ. Ils sont le Corps que Jésus a promis de ressusciter d'entre les morts. C'est précisément pour cette raison que les Actes des Apôtres nous posent la question de la vie commune. Ils nous interpellent. Pour nous prêtres, est-ce normal, est-ce humainement et spirituellement structurant de vivre seul ? Un fleuve, si majestueux soit-il, a besoin d'une source et d'affluents pour grossir ses eaux, sinon il s'étiole et sèche. Est-ce normal, est-ce souhaitable, de prier chaque jour, seul, les Heures du bréviaire ? Ne devrions-nous pas, au moins, souffrir de cette situation ? Ne devons-nous pas souhaiter donner le témoignage de la vie fraternelle et commune ?

Je n'ai pas de solution miracle à vous proposer. Mais j'ai une certitude : notre témoignage n'est pas crédible si nous sommes incapables d'une vie de charité concrète et donc d'une vie en commun. « Le fruit de l'Esprit est charité, joie, paix, longanimité, serviabilité, bonté, confiance dans les autres, douceur, maîtrise de soi » (Ga 5, 22). Le fruit de chaque Eucharistie, c'est cette unité entre nous, cette vie commune et cette fraternité chrétienne qui fait de nous des consanguins parce que le sang du Christ coule dans nos veines. Le bréviaire est fait pour être prié et chanté en commun et vécu en communauté. Et si nous osions nous en donner les moyens ?

Je crois que le peuple de Dieu a besoin de constater, d'expérimenter que les prêtres sont les premiers à vivre comme les Apôtres. Les fidèles veulent voir leurs prêtres prier ensemble, vivre ensemble dans la charité.

Quelle crédibilité aura la communion sacramentelle si elle n'est pas vécue dans la communion fraternelle ?

Il y a là une mission urgente pour les évêques. Il leur revient d'offrir aux prêtres les conditions affectives et réalistes d'une vie commune. Il leur revient de partager cette vie avec leurs prêtres. Il ne s'agit pas seulement d'une aide pour la vie personnelle de chacun d'eux. La vie commune entre dans l'identité du sacerdoce :

« Du fait de leur ordination, qui les a fait entrer dans l'ordre du presbytérat, les prêtres sont tous intimement liés entre eux par la fraternité sacramentelle. Mais, du fait de leur affectation au service d'un diocèse en dépendance de l'évêque local, ils forment tout spécialement à ce niveau un *presbyterium* unique. Certes, les tâches confiées sont diverses ; il s'agit pourtant d'un ministère sacerdotal unique exercé pour les hommes. [...] Il est donc essentiel que tous les prêtres, diocésains aussi bien que religieux, s'entraident et travaillent toujours ensemble à l'œuvre de la vérité. Chaque membre de ce *presbyterium* noue avec les autres des liens spéciaux de charité apostolique, de ministère et de fraternité. [...] Chaque prêtre est donc uni à ses confrères par un lien de charité, de prière et de coopération sous toutes ses formes[1]. »

Une vie solitaire ne peut manifester la plénitude du mystère du Christ-prêtre. Et comme nous le rappellent les Actes des Apôtres, la vie commune, la prière

1. Conc. œcum. Vat. II, Décret sur le ministère et la vie des prêtres, *Presbyterorum ordinis*, n° 8, 7 décembre 1965.

liturgique en commun, la mise en commun des biens dans la charité est le premier fruit de l'Esprit-Saint. Si nous ne voyons pas ce fruit, alors nous pouvons douter de la présence de l'Esprit. Osons nous interroger concrètement. Je crois que le premier lieu où cette vie commune de prière, de charité et d'apostolat devrait être expérimentée est la Curie romaine. Actuellement, la vie sainte de nombreux prêtres y est obscurcie par les scandales et les ambitions de quelques-uns. J'ose rêver : et si, à la Curie, nous prenions au sérieux les Actes des Apôtres ? Serait-il impossible que les cardinaux vivent autour du Pape, prient ensemble, partagent une table sobre et commune ? Voilà peut-être la réforme de la Curie qui serait la plus évangélique ! Le Pape François nous le fait expérimenter durant les temps d'exercices spirituels annuels au cours desquels nous partageons ensemble la même Eucharistie, les mêmes repas, les mêmes moments d'écoute de la Parole de Dieu méditée et de prière, dans une ambiance divine de recueillement, de silence et de solitude. Ne pourrions-nous le vivre concrètement toute l'année ? Quelle joie ce serait que de partager concrètement notre bonheur d'être prêtres ! Certes, la vie commune n'est pas toujours facile. Elle est exigeante. Mais il suffit de fréquenter les communautés monastiques pour savoir qu'elle est source d'une joie profonde et communicative.

VIII

La radicalité de l'Évangile

À partir d'une méditation de saint Jean-Paul II

Introduction

Le concile Vatican II nous a permis d'approfondir notre compréhension de la sainteté spécifiquement sacerdotale. Lors du synode de 1990, l'Église tout entière s'est approprié son enseignement pour mieux inviter les prêtres à la radicalité de la vie évangélique. Bien souvent, on a tendance à penser que les conseils évangéliques, la pauvreté, la chasteté et l'obéissance sont réservés aux religieux. Pourtant ils sont offerts à tous les baptisés et, d'une manière spécifique, aux prêtres. Malheureusement la pauvreté sacerdotale et l'obéissance sacerdotale restent souvent des réalités bien éthérées, des discours académiques faits par des bourgeois qui sont assis sur la chaire de Moïse (cf. Mt 23, 2-5). On en parle, on les loue mais les met-on en pratique ?

Pour tous les chrétiens sans exception, le radicalisme évangélique est une exigence fondamentale et irremplaçable qui découle de l'appel du Christ à le suivre et à l'imiter. Tous sont appelés à la sainteté, mais les prêtres le sont à titre particulier. Ils doivent être saints spécifiquement comme prêtres. Configurés au Christ d'une manière spécifique, ils doivent l'imiter d'une manière particulière dans la radicalité de l'Évangile. Il y a de nombreuses vertus décisives pour la vie pastorale et spirituelle du prêtre. Citons par exemple la foi, l'humilité en face du mystère de Dieu, la miséricorde, la prudence. Mais les « conseils évangéliques » que Jésus enseigne dans le Discours sur la Montagne sont l'expression privilégiée du radicalisme évangélique (cf. Mt 5-7). Parmi ces conseils, intimement coordonnés entre eux, se trouvent l'obéissance, la chasteté et la pauvreté. « Le prêtre est appelé à les vivre selon les modalités et, plus encore, selon les finalités et le sens original qui découlent de l'identité du prêtre et l'expriment », dit saint Jean-Paul II.

La sainteté apparaît comme une exigence intime du sacerdoce. « Avant le Christ, écrit P. Albert Vanhoye, on se préoccupait, certes, de la sainteté des prêtres, mais on ne pouvait assurer qu'une sainteté extérieure : un rituel minutieux (ablutions, onctions, vêtements spéciaux) séparait matériellement le prêtre du monde profane et le consacrait symboliquement à Dieu. Ainsi s'exprimait le souci de se rendre digne de Dieu. Mais que peuvent des cérémonies, que peuvent des ornements sacrés, si le cœur de l'homme demeure souillé ? C'est au plus profond de lui-même que le prêtre doit se trouver accordé à Dieu. Autrement, il ne saurait être agréé. »

Cette exigence radicale trouve en Jésus-Christ, et en Lui seul, sa pleine réalisation. La sainteté du Christ ne ressemble pas à un vêtement de cérémonie, destiné à masquer l'indignité personnelle du prêtre. C'est une sainteté intérieure, qui jaillit en lui comme la source même de son être, le remplit tout entier et se répand avec une force impétueuse.

Jean-Paul II, Pastores dabo vobis, *(chapitre 3, § 27-30) : l'existence sacerdotale et le radicalisme évangélique*

Pour tous les chrétiens sans exception, le radicalisme évangélique est une exigence fondamentale et irremplaçable, qui découle de l'appel du Christ à le suivre et à l'imiter, en vertu de l'étroite communion de vie avec lui, opérée par le Saint-Esprit (cf. Mt *8, 18-20 ;* Mt *10, 37-39 ;* Mc *8, 34-38 ;* Mc *10, 17-21 ;* Lc *9, 57-62). Cette même exigence s'impose également aux prêtres, non seulement parce qu'ils sont « dans » l'Église, mais aussi parce qu'ils sont « devant » l'Église, en tant qu'ils sont configurés au Christ Tête et Pasteur, consacrés et engagés dans le ministère ordonné, animés par la charité pastorale. Or, dans le radicalisme évangélique et pour le manifester, il y a toute une floraison de nombreuses vertus et exigences morales qui sont décisives pour la vie pastorale et spirituelle du prêtre. Citons par exemple la foi, l'humilité en face du mystère de Dieu, la miséricorde, la prudence. Les différents « conseils évangéliques » que Jésus propose dans le Discours sur la Montagne sont l'expression privilégiée du radicalisme évangélique (cf.* Mt *5-7). Parmi ces conseils, intimement coordonnés entre eux, se trouvent l'obéissance, la chasteté et la pauvreté. Le prêtre est appelé à les vivre selon les modalités et, plus encore, selon les finalités et le sens original qui découlent de l'identité du prêtre et l'expriment.*

« Parmi les qualités les plus indispensables pour le ministère des prêtres, il faut mentionner la disponibilité intérieure qui leur fait rechercher non pas leur propre volonté, mais la volonté de celui qui les a envoyés (cf. Jn *4, 34 ;* Jn *5, 30 ;* Jn *6, 38)*[1]*. » C'est l'obéissance qui, dans le cas de la vie spirituelle du prêtre, présente certaines caractéristiques particulières.*

Celle-ci est avant tout une obéissance « apostolique », en ce sens qu'elle reconnaît, aime et sert l'Église dans sa structure hiérarchique. En effet, il n'y a pas de ministère sacerdotal en dehors de la communion avec le Souverain Pontife et le collège épiscopal, en particulier avec l'évêque du diocèse, à qui « le respect filial et l'obéissance » promis à l'ordination doivent être rendus. Cette « soumission » à ceux qui sont revêtus de l'autorité ecclésiale n'a rien d'humiliant, mais elle résulte de la liberté responsable du prêtre qui accueille les exigences de la vie ecclésiale structurée et organisée. Il accueille aussi la grâce du discernement et du sens de la responsabilité dans les décisions ecclésiales. Cette grâce, Jésus en a doté les Apôtres et leurs successeurs pour que le mystère de l'Église soit gardé fidèlement et pour que la cohésion de la communauté chrétienne

1. Conc. œcum. Vat. II, Décret sur le ministère et la vie des prêtres, *Presbyterorum ordinis*, n° 15, 7 décembre 1965.

soit maintenue sur le chemin unique qui la conduit au salut.

L'obéissance chrétienne authentique, correctement motivée et vécue sans servilité, aide le prêtre à exercer, avec une transparence évangélique, l'autorité qu'il a pour mission d'exercer auprès du peuple de Dieu : sans autoritarisme et sans procédés démagogiques. Seul celui qui sait obéir dans le Christ sait comment demander l'obéissance à autrui dans l'esprit de l'Évangile.

L'obéissance du prêtre présente en outre une exigence « communautaire » : ce n'est pas l'obéissance d'un individu isolé en rapport avec l'autorité, mais au contraire cette obéissance est profondément intégrée dans l'unité du presbyterium qui, comme tel, est appelé à vivre en collaboration cordiale avec l'évêque et, par lui, avec le successeur de Pierre[1].

Cet aspect de l'obéissance sacerdotale demande une ascèse considérable : d'une part, le prêtre s'habitue à ne pas trop s'attacher à ses propres préférences ou à ses propres points de vue ; d'autre part, il laisse aux confrères l'espace suffisant pour qu'ils mettent en valeur leurs talents et leurs capacités, à l'exclusion de toute jalousie, envie et rivalité. L'obéissance sacerdotale est une obéissance solidaire, qui repose sur l'appartenance du prêtre à l'unique presbyterium et qui, toujours à l'intérieur de celui-ci, et avec lui, exprime des orientations et des choix coresponsables.

Enfin, l'obéissance sacerdotale a un caractère particulier, le caractère « pastoral ». Cela veut dire que le prêtre vit dans un climat de constante disponibilité pour se laisser saisir, ou pour se laisser

1. Cf. *ibid.*

« manger » a-t-on pu dire, par les nécessités et les exigences du troupeau qui doivent être raisonnables ; elles devront parfois faire l'objet d'un discernement et être soumises à vérification, mais il est indéniable que la vie du prêtre est totalement remplie par la faim d'Évangile, de foi, d'espérance et d'amour de Dieu et de son mystère, laquelle, plus ou moins consciemment, est présente dans le peuple de Dieu qui lui est confié.

Parmi les conseils évangéliques – écrit le concile –, « il y a en première place ce don précieux de grâce fait par le Père à certains (cf. Mt *19, 11 ; 1* Co *7, 7) de se consacrer plus facilement et avec un cœur sans partage à Dieu seul (cf. 1* Co *7, 32-34) dans la virginité ou le célibat. Cette continence parfaite à cause du Règne de Dieu a toujours été l'objet, de la part de l'Église, d'un honneur spécial, comme signe et stimulant de la charité, et comme une source particulière de fécondité spirituelle dans le monde*[1] *». Dans la virginité et le célibat, la chasteté maintient sa signification fondamentale, c'est-à-dire celle d'une sexualité humaine vécue comme authentique manifestation et précieux service de l'amour de communion et de donation interpersonnelle. Cette signification subsiste pleinement dans la virginité qui, même dans le renoncement au mariage, réalise la « signification sponsale » du corps, moyennant une communion et une donation personnelle à Jésus-Christ et à son Église ; cette communion et cette donation préfigurent et anticipent la communion et la donation parfaites et définitives de l'au-delà : « Dans la virginité, l'homme est en attente, même*

1. Const. dogm. sur l'Église, *Lumen gentium*, n° 42.

dans son corps, des noces eschatologiques du Christ avec l'Église, et il se donne entièrement à l'Église dans l'espérance que le Christ se donnera à elle dans la pleine vérité de la vie éternelle[1]. »

À cette lumière, on peut facilement comprendre et apprécier les motifs du choix pluriséculaire que l'Église d'Occident a fait et qu'elle a maintenu, malgré toutes les difficultés et les objections soulevées au long des siècles, de ne conférer l'ordination presbytérale qu'à des hommes qui attestent être appelés par Dieu au don de la chasteté dans le célibat absolu et perpétuel.

Les Pères synodaux ont exprimé avec clarté et avec force leur pensée dans une importante proposition qui mérite d'être rapportée intégralement et littéralement : « Restant sauve la discipline des Églises orientales, le Synode, convaincu que la chasteté parfaite dans le célibat sacerdotal est un charisme, rappelle aux prêtres qu'elle constitue un don inestimable de Dieu à l'Église et représente une valeur prophétique pour le monde actuel. Ce Synode affirme, de nouveau et avec force, ce que l'Église latine et certains rites orientaux demandent, à savoir que le sacerdoce soit conféré seulement aux hommes qui ont reçu de Dieu le don de la vocation à la chasteté dans le célibat (sans préjudice pour la tradition de certaines Églises orientales et de cas particuliers de clercs mariés provenant de conversions au catholicisme, pour lesquels il est fait exception dans l'encyclique de Paul VI sur le célibat sacerdotal). Le Synode ne veut laisser aucun doute dans l'esprit de tous sur la ferme volonté de l'Église de maintenir la loi

1. Exhort. ap. *Familiaris Consortio* (22 novembre 1981), n° 16, AAS 74 (1982), p. 98.

qui exige le célibat librement choisi et perpétuel pour les candidats à l'ordination sacerdotale, dans le rite latin. Le Synode demande que le célibat soit présenté et expliqué dans toute sa richesse biblique, théologique et spirituelle comme don précieux fait par Dieu à son Église et comme signe du Royaume qui n'est pas de ce monde, signe aussi de l'amour de Dieu envers ce monde, ainsi que de l'amour sans partage du prêtre envers Dieu et le peuple de Dieu, de sorte que le célibat soit regardé comme un enrichissement positif du sacerdoce[1]. »

Il est particulièrement important que le prêtre comprenne la motivation théologique de la loi ecclésiastique sur le célibat. En tant que loi, elle exprime la volonté de l'Église, même avant que le sujet exprime sa volonté d'y être disponible. Mais la volonté de l'Église trouve sa dernière motivation dans le lien du célibat avec l'Ordination sacrée, qui configure le prêtre à Jésus-Christ Tête et Époux de l'Église. L'Église, comme Épouse de Jésus-Christ, veut être aimée par le prêtre de la manière totale et exclusive avec laquelle Jésus-Christ Tête et Époux l'a aimée. Le célibat sacerdotal, alors, est don de soi dans et avec le Christ à son Église, et il exprime le service rendu par le prêtre à l'Église dans et avec le Seigneur.

Pour une vie spirituelle authentique, le prêtre doit considérer et vivre le célibat non comme un élément isolé ou purement négatif, mais comme un des aspects d'une orientation positive, spécifique et caractéristique de sa personne. Laissant son père et sa mère, il suit Jésus le Bon Pasteur dans une communion apostolique,

1. *Propositio* 11.

au service du peuple de Dieu. Le célibat doit donc être accueilli dans une décision libre et pleine d'amour, à renouveler continuellement, comme un don inestimable de Dieu, comme un « stimulant de la charité pastorale[1] *», comme une participation particulière à la paternité de Dieu et à la fécondité de l'Église, comme un témoignage du Royaume eschatologique donné au monde. Pour vivre toutes les exigences morales, pastorales et spirituelles du célibat sacerdotal, la prière humble et confiante est absolument nécessaire, comme nous en prévient le Concile : « Certes, il y a, dans le monde actuel, bien des hommes qui déclarent impossible la continence parfaite : c'est une raison de plus pour que les prêtres demandent avec humilité et persévérance, en union avec l'Église, la grâce de la fidélité, qui n'est jamais refusée à ceux qui la demandent. Qu'ils emploient aussi les moyens naturels et surnaturels qui sont à la disposition de tous. » Ce sera encore la prière unie aux sacrements de l'Église et à l'effort ascétique qui donnera l'espérance dans les difficultés, le pardon dans les fautes, la confiance et le courage dans la reprise de la marche en avant.*

De la pauvreté évangélique, les Pères synodaux ont donné une description plus concise et plus profonde que jamais, la présentant comme « soumission de tous les biens au Bien suprême de Dieu et de son Royaume[2] *». En réalité, seul celui qui contemple et vit le mystère de Dieu comme Bien unique et suprême, comme vraie et définitive richesse, peut comprendre et réaliser la*

1. Conc. œcum. Vat. II, Décret sur le ministère et la vie des prêtres, *Presbyterorum ordinis,* n° 16.
2. *Propositio* 8.

pauvreté. Elle n'est certainement pas mépris et refus des biens matériels, mais elle est usage libre de ces biens, et en même temps joyeux renoncement à ceux-ci dans une grande disponibilité intérieure, pour Dieu et pour ses desseins.

La pauvreté du prêtre, en raison de sa configuration sacramentelle au Christ Tête et Pasteur, revêt des connotations pastorales précises. C'est à elles que les Pères synodaux se sont arrêtés, reprenant et développant l'enseignement conciliaire[1]*. Ils écrivent entre autres : « Les prêtres, à l'exemple du Christ, qui, de riche qu'il était, s'est fait pauvre par amour pour nous (cf. 2* Co *8, 9), doivent considérer les pauvres et les plus faibles comme leur étant confiés d'une manière spéciale, et doivent être capables de donner un témoignage de pauvreté par une vie simple et austère, étant déjà habitués à renoncer généreusement aux choses superflues (OT 9 ; CIC 282)*[2]*. »*

Il est vrai que « l'ouvrier mérite son salaire » (Lc *10, 7), et que « le Seigneur a prescrit à ceux qui annoncent l'Évangile de vivre de l'Évangile » (1* Co *9, 14) ; mais il est vrai aussi que ce droit de l'apôtre ne peut être confondu avec une quelconque prétention de subordonner le service de l'Évangile et de l'Église aux avantages et aux intérêts qui peuvent en dériver. Seule la pauvreté assure au prêtre la disponibilité nécessaire pour être envoyé là où son action est plus utile et urgente, même au prix d'un sacrifice personnel. C'est la condition préalable de la docilité*

1. Cf. Décret sur le ministère et la vie des prêtres, *Presbyterorum ordinis*, n° 17.
2. *Propositio* 10.

de l'apôtre à l'Esprit, qui le rend prêt à « aller » sans bagage et sans lien, suivant seulement la volonté du Maître (cf. Lc *9, 57-62 ;* Mc *10, 17-22).*

Personnellement intégré dans la vie de la communauté dont il est responsable, le prêtre doit présenter le témoignage d'une totale « transparence » dans l'administration des biens de la communauté. Il ne les traitera jamais comme s'ils étaient un patrimoine personnel, mais comme ce dont il doit rendre compte à Dieu et à ses frères, surtout aux pauvres. Et la conscience d'appartenir à un presbyterium unique engagera le prêtre à favoriser soit une plus équitable répartition des biens entre confrères, soit un certain usage commun de ces biens (cf. Ac *2, 42-45).*

La liberté intérieure, nourrie et conservée grâce à la pauvreté évangélique, rend le prêtre capable de se tenir du côté des plus faibles, de se faire solidaire de leurs efforts pour l'instauration d'une société plus juste, d'être plus sensible et plus capable de compréhension et de discernement des phénomènes touchant l'aspect économique et social de la vie, ainsi que de promouvoir le choix préférentiel des pauvres. Sans exclure personne de l'annonce et du don du salut, le prêtre sait être attentif aux petits, aux pécheurs, à tous les marginaux, selon le modèle donné par Jésus dans le déroulement de son ministère prophétique et sacerdotal (cf. Lc *4, 18).*

On n'oubliera pas la signification prophétique de la pauvreté sacerdotale, spécialement urgente dans les sociétés d'opulence et de consommation : « Le prêtre vraiment pauvre est certainement un signe concret de la séparation, du renoncement et non de la soumission à la tyrannie du monde contemporain qui met toute sa confiance dans l'argent et dans la sécurité matérielle[1]*.* »

Sur la Croix, Jésus-Christ porte à sa perfection sa charité pastorale, dans un dépouillement extrême, extérieur et intérieur ; il est le modèle et la source des vertus d'obéissance, de chasteté et de pauvreté que le prêtre est appelé à vivre comme expression de son amour pastoral pour ses frères. Selon ce que Paul écrit aux chrétiens de Philippes, le prêtre doit avoir les « mêmes sentiments » que Jésus, se dépouillant de son propre « moi » pour trouver dans la charité obéissante, chaste et pauvre, la voie royale de l'union avec Dieu et de l'unité avec ses frères (cf. Ph *2, 5)*[2].

Méditation

Comment ne pas rester indifférent devant le drame des abus sexuels et des abus d'autorité ? Je suis convaincu qu'ils trouvent leur racine dans la sécularisation de la vie des prêtres. Le prêtre est un homme mis à part pour le service de Dieu et de l'Église. Il est un consacré. Toute sa vie est mise à part pour Dieu. Or on a voulu désacraliser la vie sacerdotale. On a voulu la banaliser, la rendre profane, la séculariser.

On a formé des prêtres sans leur enseigner que le seul point d'appui de leur vie est Dieu, sans leur faire expérimenter que leur vie n'a de sens que par Dieu et pour lui. Privés de Dieu, il ne leur est resté que le

1. *Ibid.*
2. Jean-Paul II, exhortation apostolique post-synodale *Pastores dabo vobis*, 25 mars 1992.

pouvoir humain. Certains ont sombré dans la logique diabolique des abus d'autorité et des crimes sexuels. Si un prêtre ne fait pas quotidiennement l'expérience qu'il n'est qu'un instrument entre les mains de Dieu, s'il ne se tient pas constamment devant Dieu pour le servir de tout son cœur, alors il risque de s'enivrer d'une sensation de pouvoir. Si la vie d'un prêtre n'est pas une vie consacrée, alors il est en grand danger d'illusion et de déviation.

Or le célibat est la manifestation la plus évidente que le prêtre appartient au Christ et qu'il ne s'appartient plus. Le célibat est le signe d'une vie qui n'a de sens que par Dieu et pour lui.

À propos du clergé oriental marié, je voudrais souligner quelques points. L'être profond du prêtre consiste en une identification, une conformation au Christ, époux de l'Église. Cette réalité est parfaitement exprimée et manifestée par l'état des prêtres célibataires, qu'ils soient d'Orient ou d'Occident. Il ne faut pas ignorer en effet que de nombreux prêtres diocésains des Églises catholiques orientales choisissent de vivre le célibat. Le saint Pape Jean-Paul II, ce grand ami de l'Orient chrétien, nous l'avait enseigné très clairement dans l'Exhortation Apostolique *Pastores dabo vobis* : « *Le célibat sacerdotal n'est pas à considérer comme une simple norme juridique ni comme une condition tout extérieure pour être admis à l'ordination. Au contraire, le célibat est une valeur profondément liée à l'ordination : il rend conforme à Jésus-Christ, Bon Pasteur et Époux de l'Église*[1]. »

---

1. Jean-Paul II, exhortation apostolique post-synodale *Pastores dabo vobis*, 25 mars 1992, n° 50.

Bien entendu tout prêtre vit au moins intérieurement de ce mystère. Mais cela est moins évident et manifeste pour l'Église et le Peuple de Dieu chez les prêtres mariés. Je ne remets nullement en cause la sainteté personnelle de chacun d'eux. Je sais à quel point ils se dévouent chaque jour pour l'Église de Dieu. Si je pouvais les rencontrer personnellement j'embrasserais leurs mains consacrées par l'huile sainte, mains qui touchent tous les jours le corps précieux de Jésus-Christ, mains qui donnent l'absolution et bénissent. Mais je dois affirmer que les prêtres célibataires donnent un signe nécessaire à toute l'Église pour qu'elle se comprenne comme épouse du Christ.

Je voudrais citer un peu longuement ce grand théologien et très fin connaisseur de la tradition ancienne qu'est le père Louis Bouyer : « L'Église en Occident exige de tous ses prêtres non seulement la chasteté, mais le célibat. En Orient, son exigence n'est pas si stricte, mais l'idéal qu'elle propose au clergé est malgré tout plus explicite encore. Les prêtres du rite oriental, pas plus que ceux du rite latin, ne peuvent contracter mariage après leur consécration. Il leur est simplement permis, s'ils étaient mariés avant d'avoir été ordonnés au sacerdoce, d'y persévérer dans l'état de mariage.

« Cependant l'Église, en Orient même, est tout à fait formelle sur le point que la consécration au ministère sacerdotal requiert, au moins comme idéal, l'abandon de tout pour le Christ : de l'Évêque au moins, en qui le Sacerdoce est présent dans sa plénitude et comme dans sa source visible, elle exige non seulement qu'il vive dans le célibat mais qu'il se soit voué totalement au Christ, avant sa consécration, par la profession monastique. Et il est clair que, pour les prêtres du second rang eux-mêmes, l'état de vie qu'elle préconise sans l'imposer à tous est celui du hiéromoine : c'est-à-dire de celui que la vie monastique complète, avec toutes ses exigences de détachement, a préparé à la paternité spirituelle, scellée par le sacerdoce. [...] C'est ici que la pratique de l'Église orientale est spécialement éclairante. Elle nous montre, en effet, comment, dans les renoncements du prêtre, la chasteté simplement corporelle n'est nullement le tout, et, par suite, comment il ne s'agit pas là uniquement de la chair, ni, à plus forte raison, d'une vue de celle-ci exagérément pessimiste. En faisant, en effet, du prête-moine son idéal, l'Église d'Orient nous montre que la chasteté du prêtre doit être liée à un esprit de pauvreté bien plus général. Ce n'est pas seulement au charnel que le prêtre doit dominer, dépasser, dans la vie chaste qui lui est demandée : c'est tout attachement particulier, même aux réalités humaines les meilleures[1]. »

L'obéissance du prêtre n'est pas une soumission professionnelle à un supérieur hiérarchique. Elle s'inscrit dans l'obéissance du Fils au Père, elle y participe et la prolonge.

Comme le Christ, le prêtre doit pouvoir affirmer : « Ma doctrine n'est pas de moi, mais de Celui qui m'a envoyé » (Jn 7, 16). « Car ce n'est pas de moi-même que j'ai parlé, mais le Père qui m'a envoyé

1. Louis Bouyer, *Le sens de la vie sacerdotale*, Paris, éditions du Cerf, 2008, chap. 7.

m'a lui-même commandé ce que j'avais à dire et à faire connaître » (Jn 12, 49). Et je dois lui obéir absolument, jusqu'à la mort et à la mort de la Croix (cf. Ph 2, 8).

Un prêtre ne parle pas de lui, de son expérience. Il est envoyé pour annoncer une parole dont il n'est pas l'auteur. Sa fidélité à la parole de Dieu, transmise par l'Église, est la racine de son obéissance. On n'attend pas d'un prêtre qu'il soit original, mais fidèle à la doctrine transmise.

Aussi est-il regrettable que certains, par souci de plaire au monde ou de paraître de leur temps, mais parfois aussi pour voiler ou réduire les exigences radicales de la Parole de Dieu, aient tendance aujourd'hui à diluer l'Évangile, à le falsifier ou à l'édulcorer en vue de l'adapter aux mentalités et aux idéologies occidentales. C'est ce que saint Paul déplorait déjà en son temps en écrivant aux Corinthiens : « Nous ne sommes pas, en effet, comme la plupart, qui frelatent la Parole de Dieu ; non, c'est en toute pureté, c'est en envoyés de Dieu que, devant Dieu, nous parlons dans le Christ » (2 Co 2, 17). Il y a aujourd'hui beaucoup d'ambiguïté, de confusion ou d'interprétations idéologiques de la Parole de Jésus. Jusque dans l'Église, on atteint un niveau de relativisme jamais atteint auparavant. Cela crucifie à nouveau le Christ et ruine le message évangélique. Pourtant, Jésus n'a laissé planer aucun doute sur la radicalité de son message et de ses exigences. Car Lui, Jésus, est le Chemin, la Vérité et la Vie ; « il est le même hier et aujourd'hui, il le sera à jamais »

(He 13, 8). Ce qu'il exigeait alors, il l'exige autant aujourd'hui. Son Évangile ne change pas au rythme du monde. Au contraire, il devient plus radical au fur et à mesure qu'il nous conduit vers l'accomplissement parfait de l'œuvre du salut, vers « la création de l'Homme Nouveau qui a été créé selon Dieu, dans la justice et la sainteté de la vérité » (Ep 4, 24).

Dès les origines du christianisme apparaissent des choix auxquels on ne peut se dérober. « Nul ne peut servir deux maîtres, ou il haïra l'un et aimera l'autre, ou il s'attachera à l'un et méprisera l'autre. Vous ne pouvez servir Dieu et l'Argent » (Mt 6, 24 ; Lc 16, 13). Ou nous suivons Jésus, ou nous choisissons de nous conformer au monde.

L'histoire de l'Église est balisée par le témoignage d'une multitude de chrétiens qui ont préféré dire « non », fût-ce au prix de leur vie, plutôt que perdre le trésor qu'ils avaient découvert en Jésus (Mt 13, 44). En notre siècle encore, cette liberté souveraine que donne la foi en Jésus-Christ a porté les chrétiens à résister victorieusement aux nouvelles idéologies qui démolissent l'homme, la famille et nos sociétés.

Beaucoup d'hommes de notre temps se crispent dès qu'on parle de vérité et qu'on se réfère à une vérité objective universelle qui est en dehors de nous, qui nous dépasse et s'impose à nous. Cela leur apparaît comme synonyme de dogmatisme, de fondamentalisme et d'intolérance, et comme contraire à la science. On refuse de reconnaître la souveraine réalité de Dieu. Pourtant, la Parole de Dieu est la seule lumière qui révèle la vérité du monde. On insiste beaucoup aussi de nos jours sur la mutation culturelle. On parle d'une nouvelle éthique mondiale, de changements de paradigmes. L'enseignement doctrinal et moral et les disciplines de l'Église devraient-ils, eux aussi, changer ? S'il y a des choses qui changent, il en est aussi qui demeurent fermes. Ce qui progresse, ce sont les instruments technologiques. Mais l'homme reste le même. Nos contemporains vivent dans un nouveau contexte. Les uns jouissent de nouvelles facilités, les autres éprouvent de nouvelles difficultés de vie. Mais il y a dans l'homme d'aujourd'hui le même fonds de bonté, de solidarité fraternelle, de générosité et d'aspiration à la liberté, au bonheur, et le même fonds de malice, de perversion, de cupidité, de méchanceté, de brutalité, de concupiscence et de tendance à l'idolâtrie que l'homme d'il y a mille ans, tellement le péché originel nous a profondément et ontologiquement marqués. Je suis absolument semblable à Adam et à Ève. La seule différence qui existe entre Adam et moi, c'est que moi, aujourd'hui, j'ai un téléphone portable, une voiture. Mais cette différence est superficielle. Au plus profond de nous-mêmes nous avons les mêmes vices, les mêmes ambitions, les mêmes concupiscences, les mêmes cupidités. Et chaque homme qui naît est obligé de recommencer à son tour les efforts d'ordre moral et spirituel qu'avaient déjà accomplis ses parents ou ses aïeux. Tout est sans cesse à recommencer. C'est cela la vérité et la réalité auxquelles nous devons obéissance.

Comme il est parfois tentant de dire ce que le monde aimerait entendre ! Comme il est tentant d'édulcorer la Parole de Dieu, trop forte pour nos esprits affadis ! Et pourtant, notre obéissance a son exigence et le gage de notre amour des âmes. Qui serions-nous si nous leur enseignions une doctrine adaptée, adoucie ? Nous serions des faussaires. Nous mènerions les âmes par des chemins qui ne mènent nulle part. Notre obéissance garantit notre amour jusqu'au bout.

Et que dire de la pauvreté ? On en parle tant et on la pratique si peu ! Quelle souffrance de constater que, dans de nombreuses régions du monde, les prêtres se conduisent en notables, en petits-bourgeois. Ils étalent des signes extérieurs de richesses : beaucoup d'argent, des voyages, vacances annuelles, voiture, maison, ordinateur. Certes, les biens matériels peuvent et doivent servir à l'annonce du royaume de Dieu. Mais si un prêtre est un autre Christ, alors il est un pauvre ! Il n'y a pas à discuter.

« Les renards ont des tanières et les oiseaux du ciel ont des nids ; le Fils de l'Homme, lui, n'a pas où reposer la tête » (Mt 8, 20 ; Lc 9, 58). Un prêtre qui ne manque de rien, qui a tout le confort, toutes les assurances terrestres d'une vie tranquille peut difficilement prétendre imiter Jésus, le représenter et être son prolongement sur cette terre. Comment pourrait-il se configurer, se conformer et s'identifier à Jésus-Christ ? La pauvreté est essentielle au christianisme. C'est une valeur évangélique. Or il y a des organismes catholiques qui ont pour programme d'éradiquer la pauvreté avec le slogan stupide « Pauvreté zéro ! ». Mais éradiquer la pauvreté, c'est éradiquer l'Évangile et les conseils évangéliques. Certes, nous devons travailler avec acharnement à éradiquer les misères, les indigences extrêmes provoquées par l'avidité et l'égoïsme des hommes. Mais n'oublions pas la première Béatitude : « Bienheureux les pauvres en esprit, car le Royaume des Cieux est à eux » (Mt 5, 3).

Quelle vigilance, quelle sagesse et quelle prudence les évêques et les prêtres doivent constamment cultiver en se laissant enseigner et instruire par Jésus-Christ ! « Ce ne sont pas surtout nos problèmes économiques et sociaux qui nous interpellent. C'est le Dieu des Patriarches, des Prophètes et de Jésus-Christ qui nous met en question, qui nous place devant des interrogations radicales concernant la valeur et le sens de notre vie. Tant que nous nous laissons questionner uniquement par les hommes, nous piétinons, nous tournons en rond et nous donnons l'impression de n'avoir plus de certitudes. Dieu vient nous hisser sur un autre plan, celui de la Transcendance. Il ne peut pas nous faire des propositions qui risquent de nous tromper. Si on place les Béatitudes de l'Évangile sur le même plan que les revendications ouvrières ou sociales telles qu'elles sortent des laboratoires marxistes ou de l'humanisme laïciste, elles ne peuvent que désenchanter ceux qui fuient la pauvreté, alors que le Christ nous présente la pauvreté comme source de bonheur. [...]

« Admettre cela est facile lorsqu'on vit à l'abri du risque et de l'indigence totale. Mais quand on subit quotidiennement la contrainte de l'insécurité et qu'on est victime de graves situations d'injustice, il peut paraître étrange qu'on vienne nous adresser avant tout un appel à la Transcendance. Parmi les devoirs qui incombent au christianisme et à l'Église, le premier et le plus sacré n'est pas de dire des choses qui plaisent, mais de maintenir la pureté du message qui n'est pas celui du salut de l'homme par l'homme, mais du salut de l'homme par Dieu[1]. »

Il est temps de prendre les moyens d'une vraie pauvreté sacerdotale. Nous ne devons pas avoir peur de regarder vers l'expérience des communautés religieuses pour vivre concrètement la sobriété et la mise en commun des biens. Si nous ne dépendons pas d'un autre, ou de la communauté pour vivre, nous ne pouvons embrasser en plénitude le mystère du Christ-prêtre. L'autonomie financière, la sécurité matérielle nous éloignent de celui qui n'eut pas même une pierre où reposer sa tête.

Chers frères prêtres, détournons-nous du monde, de ses saletés, de ses luxures, de ses orgueilleuses prétentions et ayons constamment les yeux fixés sur le Christ. Contemplons-Le et essayons de L'imiter. Il vient à nous sans faste, ni grandeur, ni majesté, vêtu comme le pauvre dans son humilité. Qu'Il soit notre seul et unique paradigme, notre seul chemin à suivre.

Benoît XVI avait voulu le rappeler dans *Des profondeurs de nos cœurs*. Rares sont ceux qui ont relevé l'exigence de ces paroles. Il jetait les fondements d'une vraie réforme du clergé. Osera-t-on l'écouter ? Je sais combien le Pape François a été sensible à ces paroles

1. « Monde chrétien et monde moderne », *Esprit*, 1960, cité dans Leon Arthur Elchinger, *Je plaide pour l'homme*, Paris, Fayard, 1976.

qu'il a pu lire dans l'exemplaire dédicacé que le Pape émérite lui avait envoyé : « Ce qu'il y a de fondamental dans le sacerdoce, c'est une situation similaire à celle du lévite, ne disposant pas d'une terre, mais projeté en Dieu. Le récit de la vocation dans Lc 5, 1-11 se termine par ces paroles : "Ils laissèrent tout et le suivirent" (Lc 5, 11). Sans le renoncement aux biens matériels, il ne saurait y avoir de sacerdoce. L'appel à suivre Jésus n'est pas possible sans ce signe de liberté et de renoncement à tous les compromis. Je crois que le célibat comporte une grande signification en tant qu'abandon d'un possible domaine terrestre et d'un cercle de vie familiale ; le célibat devient même vraiment indispensable pour que notre démarche vers Dieu puisse demeurer le fondement de notre vie et s'exprimer concrètement. Cela signifie, bien entendu, que le célibat doit pénétrer de ses exigences toutes les attitudes de l'existence. Il ne saurait atteindre sa pleine signification si nous nous conformions aux règles de la propriété et aux attitudes de vie communément pratiquées aujourd'hui. Il ne saurait y avoir de stabilité si nous ne mettions pas notre union à Dieu au centre de notre vie.

« "Tout autant que le psaume 119, le psaume 16 rappelle avec vigueur la nécessité d'une méditation par laquelle nous ferons vraiment nôtre la Parole de Dieu, d'une méditation qui seule peut nous donner de demeurer dans cette Parole. L'aspect communautaire de la piété liturgique est nécessairement lié à la méditation. Cet aspect se fait jour lorsque le psaume 16 parle du Seigneur en l'appelant 'mon calice' (v. 5). Dans le langage habituel de l'Ancien Testament, cette expression renvoie soit à la coupe festive qu'on se passait de main en main lors du repas cultuel, soit à la coupe fatale, le calice de la colère ou du salut. Quand il prie, le prêtre du Nouveau Testament peut tout particulièrement y reconnaître le calice par lequel le Seigneur est devenu notre ami au sens le plus profond ; c'est le Calice de l'Eucharistie auquel le Seigneur a lui-même part, en tant qu'il est notre vie.

« La vie sacerdotale en présence de Dieu se concrétise ainsi de manière existentielle grâce au mystère eucharistique. Comprise en son sens le plus profond, l'Eucharistie est notre terre, elle est devenue notre part, celle dont nous pouvons dire (v. 6) : le sort m'a attribué un enclos de délices et mon héritage est magnifique[1]"[2]. »

1. Joseph Ratzinger, *Le Ressuscité*, Desclée de Brouwer, 1986, p. 174-175.
2. Benoît XVI et Cardinal Robert Sarah, *Des profondeurs de nos cœurs*, *op. cit.*, p. 54-56.

IX

Retrouver sa place

À partir d'une méditation de Georges Bernanos

Introduction

J'ai voulu faire figurer dans ce recueil de méditations ce texte d'un laïc et romancier français du XXe siècle : *Journal d'un curé de campagne* de Georges Bernanos. L'auteur y dit quelques vérités essentielles sur le sacerdoce. Il fait dialoguer un jeune prêtre un peu perdu et chancelant avec un vieux curé plein d'expérience, le curé de Torcy. Ce dernier assène quelques vérités dures à son jeune confrère : « Tu ne pries pas assez. Tu souffres trop pour ce que tu pries. [...] Il faut se nourrir à proportion de ses fatigues, et la prière doit être à la mesure de nos peines. » Cette sentence est expérimentale. Plus on souffre, plus la prière nous est vitalement nécessaire. Pourquoi ? Parce que la prière nous ramène « à notre place dans l'Évangile ». Telle est notre vocation : nous sommes appelés à rejoindre Jésus quelque part dans l'Évangile. Il y a un endroit où nous l'avons rencontré, où son regard s'est posé sur nous. Le prêtre doit souvent revenir par la prière à cette place. Il doit souvent se remettre là, sous le regard du Christ. Est-ce une image ? Peut-être. Mais c'est aussi une réalité spirituelle. Notre vocation à chacun nous ouvre une place auprès de Jésus. Nous devons retrouver sur cette place un regard innocent comme celui de Marie. « Le regard de la Vierge est le seul regard vraiment enfantin, le seul vrai regard d'enfant qui se soit jamais levé sur notre honte et notre malheur. » Bernanos a su déceler ce qu'il y a de plus intime dans la relation entre un prêtre et la Vierge Marie. Pourquoi Marie a-t-elle une proximité si particulière avec les prêtres ? Parce qu'elle est la mère du premier d'entre eux, et plus que sa mère, sa coopératrice dans l'œuvre sacerdotale du salut. Elle résume à elle seule tout l'aspect intérieur et spirituel de l'offrande sacerdotale du Christ pour le monde. Ce que l'on nomme le sacerdoce baptismal est comme résumé et sublimé en elle. Ce sacerdoce royal qui consiste à offrir, dans la prière, son amour en union avec le Christ, le prêtre y participe. Il a aussi besoin de le sentir. Au fond, il n'est là que pour le servir et le susciter chez les fidèles. Il le fait spécialement dans la prière.

« Tu ne pries pas assez ! » reproche M. le curé de Torcy. Il est certain que les prêtres plus anciens et plus expérimentés ont un devoir sacré d'initier et d'accompagner fraternellement les jeunes prêtres dans leur ministère sacerdotal par l'enseignement, les conseils et surtout par l'exemple. Cependant, que nous ayons une longue expérience sacerdotale ou que nous soyons jeunes prêtres, on n'insistera jamais assez sur la place centrale de la prière dans notre vie. La prière du prêtre veut en effet continuer pour l'Église la prière de Jésus à Gethsémani. Toute sa vie, toutes ses activités tendent à remplir cette fonction sacerdotale essentielle du Christ. Puissions-nous comprendre chaque jour davantage que la prière du prêtre est la première forme d'apostolat et le but premier de toute vocation sacerdotale.

Il nous suffit d'observer la vie de Jésus qui, pendant trente ans, à Nazareth, dans le silence de son humble et obscur travail de charpentier, a été à l'écoute de Dieu le Père, et a prié dans le secret de son cœur, ou en compagnie de Joseph et de la Vierge Marie, sa Mère. Et avant de commencer son ministère public d'évangélisation, Jésus s'est retiré dans la solitude et le silence du désert pour se tenir face à face avec Dieu le Père, pour prier et faire pénitence pendant quarante jours et quarante nuits. Au cours de sa vie publique, il prenait très souvent le temps pour aller, soit seul, soit avec ses disciples, à l'écart ou « dans la montagne pour prier et il passait toute la nuit à prier Dieu » (cf. Lc 6, 12).

Et en sa dernière nuit, avant sa mort sur la Croix, il était allé, comme de coutume, dans le jardin de Gethsémani. Lui qui est la pureté même, « le Saint de Dieu » se livre aux tourments du péché pour accomplir la volonté de son Père, « qui veut que tous les hommes soient sauvés et parviennent à la connaissance de la vérité » (cf. 1 Tm 2, 4). À genoux et prosterné à terre sous le poids du péché du monde, il nous en délivre, en priant douloureusement et de façon plus instante jusqu'à ce que « sa sueur devînt comme de grosses gouttes de sang qui tombaient à terre » (Lc 22, 44).

Georges Bernanos : Le journal d'un curé de campagne. *Les conseils du vieux curé de Torcy à son jeune confrère*

« [...] Et pour ce qui regarde la vie intérieure, mon ami, je crains que ce ne soit la même chose. Tu ne pries pas assez. Tu souffres trop pour ce que tu pries, voilà mon idée. Il faut se nourrir à proportion de ses fatigues, et la prière doit être à la mesure de nos peines.

– C'est que... je ne... Je ne peux pas ! » m'écriai-je.

Et j'ai tout de suite regretté l'aveu, car son regard est devenu dur.

« Si tu ne peux pas prier, rabâche ! Écoute, j'ai eu mes traverses, moi aussi ! Le diable m'inspirait une telle horreur de la prière que je suais à grosses gouttes pour dire mon chapelet, hein ? tâche de comprendre !

– Oh ! je comprends ! répondis-je, et avec un tel élan qu'il m'a examiné longuement, des pieds à la tête, mais sans malveillance, au contraire...

– Écoute, dit-il, je ne crois pas m'être trompé sur ton compte. Tâche de répondre à la question que je vais te poser. Oh ! je te donne ma petite épreuve pour ce qu'elle vaut, ce n'est qu'une idée à moi, un moyen de me reconnaître, et il m'a remis dedans plus d'un coup, naturellement. Bref, j'ai beaucoup réfléchi à la vocation. Nous sommes tous appelés, soit, seulement pas de la même manière. Et pour simplifier les choses, je commence par essayer de replacer chacun de nous à

sa vraie place, dans l'Évangile. Oh ! bien sûr, ça nous rajeunit de deux mille ans, et après ! Le temps n'est rien pour le bon Dieu, son regard passe au travers. Je me dis que bien avant notre naissance – pour parler le langage humain – Notre-Seigneur nous a rencontrés quelque part, à Bethléem, à Nazareth, sur les routes de Galilée, que sais-je ? Un jour entre les jours, ses yeux se sont fixés sur nous, et selon le lieu, l'heure, la conjoncture, notre vocation a pris son caractère particulier. Oh ! je ne te donne pas ça pour de la théologie ! Enfin je pense, j'imagine, je rêve, quoi ! que si notre âme qui n'a pas oublié, qui se souvient toujours, pouvait traîner notre pauvre corps de siècle en siècle, lui faire remonter cette énorme pente de deux mille ans, elle le conduirait tout droit à cette même place où… Quoi ? qu'est-ce que tu as ? qu'est-ce qui te prend ? » Je ne m'étais pas aperçu que je pleurais, je n'y songeais pas. « Pourquoi pleures-tu ? » La vérité est que depuis toujours c'est au jardin des Oliviers que je me retrouve, et à ce moment – oui, c'est étrange, à ce moment précis où posant la main sur l'épaule de Pierre, il fait cette demande – bien inutile en somme, presque naïve – mais si courtoise, si tendre : « Dormez-vous ? » C'était un mouvement de l'âme très familier, très naturel, je ne m'en étais pas avisé jusqu'alors, et tout à coup… « Qu'est-ce qui te prend ? répétait M. le curé de Torcy avec impatience. Mais tu ne m'écoutes même pas, tu rêves. Mon ami, qui veut prier ne doit pas rêver. Ta prière s'écoule en rêve. Rien de plus grave pour l'âme que cette hémorragie-là ! » J'ai ouvert la bouche, j'allais répondre, je n'ai pas pu. Tant pis ! N'est-ce pas assez que Notre-Seigneur m'ait fait cette grâce de me révéler aujourd'hui, par la bouche de mon vieux maître, que rien ne m'arracherait à la place choisie pour moi de toute éternité, que j'étais prisonnier de la Sainte Agonie ? Qui oserait se prévaloir d'une telle grâce ? J'ai essuyé mes yeux, et je me suis mouché si gauchement que M. le curé a souri. [...]

Travaille, a-t-il dit, fais des petites choses, en attendant, au jour le jour. Applique-toi bien. Rappelle-toi l'écolier penché sur sa page d'écriture, et qui tire la langue. Voilà comment le bon Dieu souhaite nous voir, lorsqu'il nous abandonne à nos propres forces. Les petites choses n'ont l'air de rien, mais elles donnent la paix. C'est comme les fleurs des champs, vois-tu. On les croit sans parfum, et toutes ensemble, elles embaument. La prière des petites choses est innocente. Dans chaque petite chose, il y a un Ange. Est-ce que tu pries les Anges ? – Mon Dieu, oui... bien sûr. – On ne prie pas assez les Anges. Ils font un peu peur aux théologiens, rapport à ces vieilles hérésies des Églises d'Orient, une peur nerveuse, quoi ! Le monde est plein d'Anges. Et la Sainte Vierge, est-ce que tu pries la Sainte Vierge ? – Par exemple ! – On dit ça... Seulement la pries-tu comme il faut, la pries-tu bien ? Elle est notre mère, c'est entendu. Elle est la mère du genre humain, la nouvelle Ève. Mais elle est aussi sa fille. L'ancien monde, le douloureux monde, le monde d'avant la Grâce l'a bercée longtemps sur son cœur désolé – des siècles et des siècles – dans l'attente obscure, incompréhensible d'une virgo genitrix... *Des siècles et des siècles, il a protégé de ses vieilles mains chargées de crimes, ses lourdes mains, la petite fille merveilleuse dont il ne savait même pas le nom. Une petite fille, cette reine des Anges ! Et elle l'est restée, ne l'oublie pas ! Le Moyen Âge avait bien compris ça, le Moyen Âge a compris tout. Mais va donc empêcher les imbéciles de refaire à leur manière le « drame de l'Incarnation », comme ils disent ! Alors qu'ils croient devoir, pour le prestige, habiller en guignols de modestes juges de paix, ou coudre des galons sur la manche des contrôleurs de chemin de fer, ça leur ferait trop honte d'avouer aux incroyants que le seul, l'unique drame, le drame des drames – car il n'y en a pas d'autre – s'est joué sans décors et sans passementeries. Pense donc ! Le Verbe s'est fait chair, et les journalistes de ce temps-là n'en ont rien su ! Alors que l'expérience de chaque jour leur apprend que les vraies grandeurs, même humaines, le génie, l'héroïsme, l'amour même – leur pauvre amour – pour les reconnaître, c'est le diable ! Tellement que quatre-vingt-dix-neuf fois sur cent, ils vont porter leurs fleurs de rhétorique au cimetière, ils ne se rendent qu'aux morts. La sainteté de Dieu ! La simplicité de Dieu, l'effrayante simplicité de Dieu qui a damné l'orgueil des Anges ! Oui, le démon a dû essayer de la regarder en face et l'immense torche flamboyante à la cime de la création s'est abîmée d'un seul coup dans la nuit. Le peuple juif avait la tête dure, sans quoi il aurait compris qu'un Dieu fait homme, réalisant la perfection de l'homme, risquait de passer inaperçu, qu'il fallait ouvrir l'œil. Et tiens, justement, cet épisode de l'entrée triomphale à Jérusalem, je le trouve si beau ! Notre-Seigneur a daigné goûter au triomphe comme au reste, comme à la mort, il n'a rien refusé de nos joies, il n'a refusé que le péché. Mais sa mort, dame ! il l'a soignée, rien n'y manque. Au lieu que son triomphe, c'est un triomphe pour enfants, tu ne trouves pas ? Une image d'Épinal, avec le petit de l'ânesse, les rameaux verts, et les gens de la campagne qui battent des mains. Une gentille parodie, un peu ironique, des magnificences impériales. Notre-Seigneur a l'air de sourire – Notre-Seigneur sourit souvent – il nous dit : « Ne prenez pas ces sortes de choses trop au sérieux, mais enfin il y a des triomphes légitimes, ça n'est pas défendu de triompher, quand Jeanne d'Arc rentrera dans Orléans, sous les fleurs et les oriflammes, avec sa belle huque de drap d'or, je ne veux pas qu'elle puisse croire mal faire. Puisque vous y tenez tant, mes pauvres enfants, je l'ai sanctifié, votre triomphe, je l'ai béni, comme j'ai béni le vin de vos vignes. » Et pour les miracles, note bien, c'est la même chose. Il n'en fait pas plus qu'il ne faut. Les miracles, ce sont les images du livre, les belles images ! Mais remarque bien maintenant, petit : la Sainte Vierge n'a eu ni triomphe, ni miracles. Son fils n'a pas permis que la gloire humaine l'effleurât, même du plus fin bout de sa grande aile sauvage. Personne n'a vécu, n'a souffert, n'est mort aussi simplement et dans une ignorance aussi profonde de sa propre dignité, d'une dignité qui la met pourtant au-dessus des Anges. Car enfin, elle était née sans péché, quelle solitude étonnante ! Une source si pure, si limpide, si limpide et si pure, qu'elle ne pouvait même pas y voir refléter sa propre image, faite pour la seule joie du Père – ô solitude sacrée ! Les antiques démons familiers de l'homme, maîtres et serviteurs tout ensemble, les terribles patriarches qui ont guidé les premiers pas d'Adam au seuil du monde maudit, la Ruse et l'Orgueil, tu les vois qui regardent de loin cette créature miraculeuse placée hors de leur atteinte, invulnérable et désarmée. Certes, notre pauvre espèce ne vaut pas cher, mais l'enfance émeut toujours ses entrailles, l'ignorance des petits lui fait baisser les yeux – ses yeux qui savent le bien et le mal, ses yeux qui ont vu tant de choses ! Mais ce n'est que l'ignorance après tout. La Vierge était l'Innocence. Rends-toi compte de ce que nous sommes pour elle, nous autres, la race humaine ? Oh ! naturellement, elle déteste le péché, mais enfin, elle n'a de lui nulle expérience, cette expérience qui n'a pas manqué aux plus grands saints, au saint d'Assise lui-même, tout séraphique qu'il est. Le regard de la Vierge est le seul regard vraiment enfantin, le seul vrai regard d'enfant qui se soit jamais levé sur notre honte et notre malheur. Oui, mon petit, pour la bien prier, il faut sentir sur soi ce regard qui n'est pas tout à fait celui de l'indulgence – car l'indulgence ne va pas sans quelque expérience amère – mais de la tendre compassion, de la surprise douloureuse, d'on ne sait quel sentiment encore, inconcevable, inexprimable, qui la fait plus jeune que le péché, plus jeune que la race dont elle est issue, et bien que Mère par la grâce, Mère des grâces, la cadette du genre humain*[1].

Méditation

Le sacerdoce est une grâce inouïe qui nous vient de Dieu. Le sacerdoce n'est donc pas une sorte d'émanation de la communauté des fidèles, comme beaucoup semblent l'imaginer. Nous pensons en particulier à la crise de la doctrine sur le sacerdoce qui est survenue à la suite de la Réforme protestante. On a voulu que

1. Georges Bernanos, *Le Journal d'un curé de campagne*, Paris, Plon, 1936.

le prêtre soit réduit à être un simple représentant de la communauté. On a voulu la suppression de la différence essentielle entre le sacerdoce ordonné et le sacerdoce commun des fidèles. Nous pensons aussi à la crise spirituelle et existentielle qui s'est produite dans la seconde moitié du XXe siècle, portée à son paroxysme chronologiquement après le concile Vatican II – mais certainement pas à cause du concile – et dont nous souffrons encore aujourd'hui. Pour être en mesure d'affronter cette situation de crise, il est nécessaire de rappeler les fondements théologiques et dogmatiques du sacerdoce catholique, d'où découlent immédiatement des conséquences et des implications spirituelles et pastorales. On ne sortira pas de la crise du sacerdoce et, plus généralement, de la crise de la foi qui caractérise et submerge notre époque, si les fondements et les bases dogmatiques et spirituelles de la foi et du sacerdoce catholiques ne sont pas rappelés et placés au centre de la vie et de l'action de l'Église.

Dans cette perspective, un premier pas fondamental est l'affirmation qu'après l'Incarnation et la Rédemption le rapport entre Dieu et l'homme n'est plus seulement celui qui existe entre les créatures et le Créateur, mais entre des enfants adoptifs et Dieu le Père, passant ainsi de l'ordre naturel de la création à l'ordre surnaturel. Une conséquence directe de cette élévation extraordinaire est également l'élévation du sacerdoce catholique, qui ne peut être compris que dans une référence claire à l'ordre surnaturel de la grâce. Il est désormais une participation au Sacerdoce éternel du Christ. C'est Lui, le seul et vrai Prêtre parfait, qui offre le culte parfait au Père par l'unique Sacrifice expiatoire offert sur l'Autel de la Croix. Ceux qui reçoivent l'ordination sacerdotale ne sont prêtres que par participation au sacerdoce du Christ, Tête et Époux de l'Église. Ils sont toujours des envoyés, à qui le Christ Jésus a communiqué et confié sa propre mission. En effet, Jésus a établi une surprenante égalité entre Lui et eux. « En vérité, en vérité, je vous le dis, qui accueille celui que j'aurai envoyé m'accueille ; et qui m'accueille, accueille celui qui m'a envoyé » (Jn 13, 20). Cependant, cette analogie avec le Christ n'est absolument pas l'œuvre du prêtre lui-même, elle n'est pas due à ses propres mérites. Les prêtres ont le pouvoir sacré (*sacra potestas*) de communiquer la grâce dont Jésus seul est la source et qu'Il transmet : pouvoir de pardonner les péchés que Lui seul peut pardonner ; d'offrir à Dieu le culte que Lui seul peut offrir. S'il est vrai que tout chrétien accomplit, avec l'aide de la grâce, tout ce qui lui est possible de faire et pour lequel il est compétent en vertu du baptême et de la confirmation, le prêtre et seulement le prêtre, par l'ordination sacerdotale, est rendu capable de faire ce qu'il est, par lui-même, radicalement incapable de faire.

Ainsi, le sacerdoce est une grâce et un pouvoir sacré reçu du Christ. Jésus-Christ seul peut faire dans le prêtre ce que le prêtre fait tous les jours dans l'Église. Le prêtre qui consacre et offre le sacrifice n'est donc pas le simple représentant ou le simple porte-parole de ceux qui assistent et participent dans une certaine mesure à la célébration du Mystère. Il est bien aussi cela dans certains actes, « même dans des actes liturgiques, car la liturgie comporte toute [sic] une part de culte montant des hommes vers Dieu ; mais dans les actions proprement sacramentelles de la liturgie, et particulièrement dans la consécration des dons eucharistiques, c'est d'abord le culte du Seigneur que le prêtre célèbre. C'est d'abord et principalement de Jésus-Christ qu'il est le ministre et le représentant sacramentel ; il célèbre, dit la théologie, *in persona Christi*[1]. »

Ainsi, lorsque nous célébrons le Saint Sacrifice de la Messe, la grande prière chrétienne, c'est « *in persona Christi* » que nous consacrons le pain et le vin, après lui avoir livré notre corps, notre voix et notre cœur tant de fois souillé par nos nombreux péchés et que nous lui demandons de purifier. Déjà, à la veille de chacune de nos célébrations eucharistiques, filialement blottis dans ses bras, la Vierge Marie elle-même nous prépare et nous conduit à nous livrer, corps et âme, à Jésus-Christ, pour que le miracle de l'Eucharistie se réalise. La Croix, l'Hostie et la Vierge Marie façonnent, structurent, nourrissent et fortifient notre vie chrétienne et sacerdotale. Vous comprenez pourquoi tout chrétien, et plus particulièrement le prêtre, doit bâtir sa vie intérieure sur ces trois piliers : *Crux*, *Hostia* et *Virgo*. La Croix, l'Eucharistie et la Vierge.

La Croix est devenue véritablement une source de biens infinis : elle nous a libérés de l'erreur, elle a

1. Y. Congar, *Structure du sacerdoce chrétien*, *in* Henri de Lubac, *Méditation sur l'Église*, *op. cit.*

dispersé nos ténèbres, elle nous a réconciliés avec Dieu. Cette Croix est la destruction de l'inimitié, la source de la paix, l'écrin de notre trésor, écrit saint Jean Chrysostome. Et Benoît XVI lui fait écho lorsqu'il dit que « la Croix n'est pas le signe de la victoire de la mort, du péché, du mal, mais elle est le signe lumineux de l'Amour, et même de l'immensité de l'Amour de Dieu, de ce que nous n'aurions jamais pu demander, imaginer ou espérer : Dieu s'est penché sur nous, s'est abaissé jusqu'à parvenir dans le coin le plus sombre de notre vie pour nous tendre la main et nous attirer à Lui, nous ramener jusqu'à Lui. La Croix nous parle de l'Amour suprême de Dieu et nous invite à renouveler, aujourd'hui, notre foi dans la puissance de cet amour, à croire que dans chaque situation de notre vie, de l'histoire, du monde, Dieu est capable de vaincre la mort, le péché, le mal, et de nous donner une vie nouvelle, ressuscitée. Dans la mort en croix du Fils de Dieu, il y a le germe d'une nouvelle espérance de vie, comme le grain qui meurt en terre[1] ».

La Croix nous fait naître à la vie divine. En la contemplant, nous apprenons à prier et à pardonner. Car du sommet de la Croix nous entendons Jésus prier et s'offrir totalement à Dieu le Père : « Père, pardonne-leur : ils ne savent pas ce qu'ils font » ; « "Père, en tes mains, je remets mon esprit." Ayant dit cela il expira » (Lc 23, 34 ; 23, 46).

1. Benoît XVI, « Paroles du Pape Benoît XVI à la fin de la Via Crucis », 22 avril 2011.

L'Eucharistie est la vie de notre vie. « Sans l'Eucharistie, nous ne pouvons pas vivre. » Le centre de l'Église et le centre de la vie de chaque chrétien, c'est l'Eucharistie. Pour célébrer dignement l'Eucharistie, nous devons tomber à genoux, nous prosterner, adorer et nous laisser purifier, transformer, transfigurer par le mystère de l'abaissement de Dieu qui vient vers nous en s'humiliant pour se mettre à notre niveau en vue de nous élever jusqu'à sa hauteur et à sa sainteté. En mangeant son corps et en buvant son sang, Jésus nous fait devenir Lui-même. Il demeure en nous et nous en Lui. Il nous divinise et nous fait vivre de sa vie.

La Vierge Marie, quant à elle, veille attentivement à notre croissance spirituelle, nous éduque à grandir dans la foi et l'amour et à rendre plus facile notre union avec Dieu. Marie nous conduit plus aisément à Jésus et nous apprend à l'aimer et à le servir humblement et de tout cœur. Marie est notre refuge sûr. Elle intervient plus rapidement et plus tendrement qu'aucune autre mère terrestre pour nous aider dans les épreuves et nous donner les secours appropriés.

Aussi saint Grignion de Montfort peut-il affirmer dans son *Traité de la vraie dévotion* : « On peut à la vérité arriver à l'union avec Dieu par d'autres chemins ; mais ce sera par beaucoup de croix et de morts étranges, et beaucoup plus de difficultés que nous ne vaincrons que très péniblement. Il faudra passer par des nuits obscures, par des combats, des agonies pénibles, par-dessus des montagnes escarpées, par-dessus des épines très piquantes, et par des déserts affreux. Mais par le chemin de Marie, on chemine plus doucement et plus tranquillement. On y trouve à la vérité encore de rudes combats à livrer et de grandes difficultés à vaincre, mais cette bonne Mère et Maîtresse se rend si proche et si présente à ses fidèles serviteurs pour les éclairer dans leurs ténèbres et leurs doutes, pour les affermir dans leurs craintes et leurs difficultés, qu'en vérité ce chemin virginal pour trouver Jésus-Christ est un chemin de roses et de miel, comparé aux autres chemins[1]. »

Georges Bernanos a raison d'écrire que « le regard de la Vierge est le seul regard vraiment enfantin, le seul vrai regard d'enfant qui se soit jamais levé sur notre honte et notre malheur. Oui, mon petit, pour la bien prier, il faut sentir sur soi ce regard qui n'est pas tout à fait celui de l'indulgence – car l'indulgence ne va pas sans quelque expérience amère – mais de la tendre compassion, de la surprise douloureuse, d'on ne sait quel sentiment encore, inconcevable, inexprimable, qui la fait plus jeune que le péché, plus jeune que la race dont elle est issue, et bien que Mère par la grâce, Mère des Grâces, la cadette du genre humain ».

Ces textes de Georges Bernanos et de Grignion de Montfort disent magnifiquement et avec assurance toute l'importance du recours à la Sainte Vierge Marie, notre bonne Mère dans nos angoisses et difficultés, et la mission maternelle et lumineuse qui est la sienne dans l'Église. Comme les Apôtres au Cénacle, mettons-nous sous son manteau virginal et sous le paratonnerre

1. Saint Grignion de Montfort, *Traité de la vraie dévotion*, ch. V, Art. V, § 1.

de son intercession quotidienne. Que Marie nous obtienne les grâces dont nous avons le plus besoin pour notre sanctification et pour le rayonnement de l'Église. Qu'elle nous obtienne surtout l'amour, son amour immense, celui qui lui a donné la grâce de porter en son sein le Fils de Dieu, de manière à être capables d'accomplir la mission d'apporter Jésus-Christ dans les âmes. Qu'elle nous enseigne à être purs et chastes, comme elle le fut. Qu'elle nous rende fidèles à notre vocation sacerdotale, nous fasse goûter toute la beauté, la joie et la force d'un ministère et d'une mission vécus sans réserve, dans le dévouement et l'immolation quotidienne pour le service de Dieu et des âmes. Que Marie nous aide à dire en tout instant et à son exemple la grande parole : « *Fiat* », « oui » à la volonté de Dieu, même quand elle est exigeante et intransigeante, même quand elle est incompréhensible et douloureuse. Nous savons qu'elle se tient debout au pied de notre Croix, et nous soutient tendrement par sa prière.

En évoquant le regard de Marie sur le prêtre, Bernanos emploie le mot de « compassion ». Je crois qu'il faut l'entendre en un sens fort. Non seulement Marie n'est pas indifférente aux joies et aux peines de l'homme devenu prêtre, mais, plus profondément, elle pâtit avec lui, elle entre avec lui dans la passion, tout comme elle a accompagné le Christ sur le Calvaire. Sa maternité se révèle là en plénitude. C'est à la Croix que saint Jean, l'apôtre prêtre, reçoit Marie pour mère. Elle nous encourage à chaque instant à vivre notre sacerdoce en plénitude. Elle nous relève quand nous tombons et nous redit sans cesse : « Monte plus haut, ose aller jusqu'au Golgotha. C'est là que les âmes sont sauvées. C'est là que Jésus, mon fils, le prêtre éternel rachète le monde. »

Dans un couple, c'est souvent la femme qui prête attention aux détails, aux aspects les plus humbles et cachés. Les femmes ont le génie de la simplicité. Elles voient avec précision les choses discrètes, cachées et secrètes. Les hommes croient facilement que n'est important que ce qui se remarque d'abord. La Vierge Marie donne au prêtre de ne négliger aucun détail de sa vie. Elle lui enseigne que rien ne doit échapper à sa délicatesse sacerdotale. Il est prêtre à chaque instant et en chaque détail. Il me semble que la prière à Marie, la prière avec Marie, par la récitation quotidienne du chapelet, introduit dans la vie du prêtre célibataire une présence maternelle nécessaire. Il ne s'agit pas de compensation affective ou psychologique. Mais nous savons que la virilité a besoin de s'affiner au contact de la sensibilité féminine. Ce contact spirituel avec Marie équilibre l'âme du prêtre, il l'approfondit et l'affine. Marie est la mère et l'éducatrice des âmes sacerdotales. Elle veille quotidiennement sur la joie intérieure de ses prêtres.

X

Prêtre et hostie

À partir d'une méditation du bienheureux John Henry Newman

Introduction

« Mon désir est d'être séparé de tout ce qui est dans le monde, de me purifier du péché, et même d'écarter de moi ce qui est innocent, si je ne l'utilise pas pour toi. Je renonce à toute réputation, honneur, influence et pouvoir, car ma force et ma louange sont en toi seul[1]. »

Cette prière du bienheureux Newman révèle son cœur de prêtre. Réputation, honneur, influence et pouvoir sont comme autant de pièges pour l'âme sacerdotale. Ce sont des feux illusoires qui comme ceux des naufrageurs de l'Antiquité attirent le navire vers les récifs et provoquent le naufrage. Comment un prêtre peut-il se détacher définitivement de ces tentations ? Sa vocation le met face au peuple de Dieu. Il doit souvent parler. Parfois, il lui revient de dénouer des situations

1. John Henry Newman, *Méditations sur la doctrine chrétienne*, Genève, Ad Solem, 2000, p. 129.

inextricables. Comment ne pas attirer la réputation et l'influence ? Comment ne pas s'attribuer un pouvoir sous couvert de bonnes intentions ? Newman nous répond très clairement : il suffit de réaliser ce que nous professons. Or ce que nous professons d'abord et prioritairement, c'est la messe. À l'autel, le Christ se sert de nos mots pour rendre présent et actualiser son unique sacrifice. La Croix est le sacrifice qui nous réconcilie avec Dieu parce que l'hostie et le prêtre y sont un seul corps. Celui qui offre est celui qui est offert. Quand un prêtre offre le sacrifice de la messe, il le fait à la première personne : « Ceci est Mon corps. » Il est sacramentellement identifié au Christ qui offre, au Christ qui s'offre. Le prêtre à l'autel doit donc lui aussi s'offrir en hostie sur la Croix.

C'est là, sur la Croix, à l'autel, que le prêtre est vraiment lui-même. C'est là qu'il étend les bras pour lui aussi se laisser clouer sur le bois. C'est là que ses mains seront enfin percées pour ne rien retenir, pour être délivrées de la tentation de la rapacité. Nos mains de prêtres ne doivent pas prendre mais offrir. Ce bien que nous faisons n'est pas notre propriété. Les âmes que nous aidons ne sont pas à nous. Elles passent par nous pour aller à Dieu, comme Dieu passe par nous pour aller aux âmes. Nous ne sommes que des instruments. Lors de la messe, à l'autel, nous en reprenons conscience. Nous expérimentons notre néant devant la grandeur de Dieu. Nous nous perdons en lui, en son sacrifice, comme la goutte d'eau dans le précieux sang du calice.

Si nous ne montons pas chaque jour sur la Croix, nous risquons de faire de l'autel le trône vain et illusoire de notre ego, de notre gloire. Dans la liturgie, quand un prêtre bavarde, commente et ajoute sans cesse des paroles humaine à celles de l'Église, il manifeste qu'il ne veut pas s'effacer derrière le Verbe. Il veut qu'on le regarde, lui petite personne humaine, qu'on l'écoute, qu'on s'intéresse à lui. À l'autel, le prêtre doit désirer disparaître, se faire oublier, se cacher dans les mots de l'Église et du Christ. Il devrait trembler de crainte et de stupeur devant la majesté divine, et se cacher dans le manteau de l'Église.

Là, oublié de tous, il laissera transparaître le Christ. Alors il sera à sa place. Prêtre, souviens-toi que tu ne seras toi-même que lorsqu'en vérité tu seras hostie.

Chers confrères dans le sacerdoce, nous disparaissons aux yeux du monde si Jésus-Christ prend toute la première place au cours de notre célébration eucharistique, si nous nous enfonçons dans la prière et si notre vie est « désormais cachée avec le Christ en Dieu » (Cf. Col 3, 3). La messe est la prière par excellence, le sommet de notre rencontre avec Notre-Seigneur. Pourtant, nous courons le risque qu'elle ne devienne pour nous qu'un simple rite froid, répété des milliers de fois. Non ! Chers amis prêtres ! Nous devons prier pendant la messe, autrement dit, nous devons communiquer avec Dieu, converser intimement avec Lui et pas seulement avec les gens qui sont devant nous. Nous devons pouvoir Le voir de nos propres yeux, Le toucher, contempler Sa Présence. Demandons-nous, que chacun de nous se pose la question : quand je célèbre la messe, est-ce que je prie ? Est-ce que je m'adresse à Dieu ? Est-ce que je parle vraiment avec Dieu ? Est-ce que je Le regarde face à face ? Est-ce que je me laisse regarder par Lui ?

John Henry Newman, Méditations sur la doctrine chrétienne

Le Saint Sacrifice de la Messe

Je t'adore, ô mon Seigneur Dieu, avec la plus profonde vénération pour ta Passion et ta Crucifixion, en expiation de nos péchés. Tu as subi dans ton âme immaculée des souffrances indicibles. Tu fus exposé dans ton corps innocent à d'ignominieux tourments, mélange de douleurs et d'humiliations. Tu fus dénudé et flagellé, ton corps sacré vibra sous les coups de fouet comme les arbres sous l'orage. Ainsi meurtri, tu fus pendu sur la Croix, nu, donné en spectacle à tous, tremblant et agonisant. Qu'est-ce que tout cela signifie, ô Puissant Dieu ! Quelle profondeur y a-t-il là que nous ne pouvons sonder ! Mon Dieu, je sais bien que tu aurais pu nous sauver par ta seule parole, sans souffrir toi-même ; mais tu as choisi de nous racheter au prix de ton sang. Je lève les yeux sur toi, victime dressée sur le Calvaire, et je professe que ta mort fut une expiation pour les péchés du monde entier. Je crois que toi seul pouvais offrir une réparation méritoire. Car c'est ta Nature divine qui rendit précieuses tes souffrances. Tu te laissas clouer sur le bois de la Croix et tu mourus pour que je ne périsse pas comme je le méritais.

Un tel sacrifice ne devait pas s'oublier. Il ne devait pas, il ne pouvait pas être un simple événement dans l'histoire du monde qui, une fois passé, n'éveille plus dans les esprits qu'une curiosité anecdotique. Si cette grande action est bien ce que nous croyons qu'elle est, ce que nous savons qu'elle est, elle doit, quoique passée, rester présente, et demeurer jusqu'à la fin des temps. C'est ce qu'une réflexion attentive nous enseigne. Quand on nous dit, ô Seigneur, que, bien que monté dans la gloire, tu renouvelles et perpétues ton sacrifice jusqu'à la fin des temps, non seulement cette nouvelle nous touche et nous réjouit, comme le signe d'un si tendre Seigneur et Sauveur, mais elle emporte avec elle l'assentiment total et la sympathie de notre raison. Bien que nous n'eussions jamais pu ni osé imaginer une doctrine aussi merveilleuse, nous l'adorons, à présent que nous en sommes instruits, comme étant parfaitement conforme à tes perfections, ainsi qu'à l'infinie compassion que tu nous as témoignée. Oui, mon Seigneur, tu as quitté le monde, mais tu t'offres chaque jour dans le Saint Sacrifice de la Messe ; tu ne subis plus la douleur et la mort, mais tu t'assujettis encore aux humiliations afin de continuer à nous prodiguer tes grâces et tes miséricordes. Chaque jour tu t'humilies ; car, étant infini, tu ne pouvais mettre un terme à tes humiliations tant qu'il existe sur terre des hommes pour lesquels tu les as subies. Ainsi tu restes Prêtre à jamais.

Mon Seigneur, je m'offre à mon tour à toi, en sacrifice d'actions de grâces. Tu es mort pour moi, et moi, à mon tour, je me donne à toi. Je ne m'appartiens pas. Tu m'as acheté ; je veux de mon plein gré maintenant compléter cet achat. Mon désir est d'être séparé de tout ce qui est dans le monde ; de me purifier du péché ; et même d'écarter de moi ce qui est innocent, si je ne l'utilise pas pour toi. Je renonce à toute réputation, honneur, influence et pouvoir, car ma force et ma louange sont en toi seul. Donne-moi seulement de réaliser ce que je professe.

Livret de prières : prière de confiance en Dieu

Dieu m'a créé pour une tâche précise à son service ; il m'a confié un travail que moi seul, et nul autre, peux accomplir. J'ai une mission – je peux ne pas la connaître tout au long de cette vie, mais elle me sera révélée dans l'autre. Je suis un maillon d'une chaîne, un lien entre des êtres. Il ne m'a pas créé pour rien. Je ferai le bien, je ferai son travail ; je serai un prédicateur de la vérité, sans pourtant le vouloir, à la place qui est mienne, si seulement je garde ses commandements et le sers par ma vocation.

C'est pourquoi, mon Dieu, je remettrai tout mon être entre vos mains. Qu'ai-je au ciel, et que puis-je vouloir sur terre, sinon vous ? Ma chair et mon cœur défaillent, mais Dieu est le Dieu de mon cœur, et ma part d'héritage pour toujours[1].

Méditation

Avant toute activité, dès le matin, nous devons nous tourner vers le Seigneur notre Créateur et supplier en Présence du Très-Haut. Avant tout engagement

1. John Henry Newman, *op. cit.*

apostolique, chaque matin et au cours de la journée, ce pauvre prêtre que je suis doit entrer et disparaître dans le Mystère de la Sainte Eucharistie, célébrée avec ferveur et longuement contemplée et adorée. Cette petite hostie, qui porte le monde entier, l'univers entier et toute l'histoire de l'humanité, doit devenir le centre de notre existence, la vie de notre vie. Il nous faut nous offrir à Dieu en sacrifice et nous transformer en cette hostie, nous laisser comme transsubstantier et devenir Christ lui-même. C'est ce que confirme saint Pierre Chrysologue dans son homélie sur le sacrifice spirituel : « Mais écoutons maintenant l'adjuration de l'Apôtre : "Je vous adjure d'offrir vos corps." L'Apôtre, par cette demande, a fait accéder tous les hommes au sommet du sacerdoce : offrir vos corps. Comme un sacrifice vivant. Quelle fonction sans précédent, que celle du sacerdoce chrétien ! L'homme y est à lui-même, et la victime, et le prêtre ; l'homme n'a pas à chercher au-dehors ce qu'il doit immoler à Dieu ; l'homme apporte avec lui et en lui ce qu'il doit offrir pour lui-même à Dieu en sacrifice ; la victime demeure la même, tandis que le prêtre reste aussi le même ; la victime qu'on frappe reste vivante, et le prêtre ne meurt pas puisqu'il doit officier. Étonnant sacrifice où le corps est offert sans qu'il y ait de corps, où le sang est offert sans que le sang soit versé. "Je vous adjure, par la miséricorde de Dieu, d'offrir vos corps en sacrifice vivant, saint, agréable à Dieu : c'est là le culte spirituel que vous avez à rendre" (Rm 12, 1). Mes frères, ce sacrifice du Christ dépend du modèle qu'il nous en a donné, lorsqu'il a immolé son corps pour que sa vie donne la vie au monde ; et vraiment il a fait de son corps un sacrifice vivant puisqu'il vit en étant immolé. […] C'est ce que le Prophète a chanté : "Tu ne voulais ni offrande ni sacrifice, mais tu m'as façonné un corps." Sois le sacrifice et le prêtre de Dieu. Ne néglige pas le don que t'a concédé la souveraineté divine. Revêts la robe de la sainteté ; boucle sur toi le ceinturon de la chasteté ; que le Christ vienne voiler ta tête ; que la croix imprimée sur ton front te protège toujours ; mets sur ton cœur le mystère de la science divine ; fais brûler sans cesse l'encens de ta prière ; empoigne le glaive de l'Esprit ; fais de ton cœur un Autel. Et ainsi présente ton corps à Dieu, offre-le sans crainte en sacrifice. Dieu désire la Foi, et non la mort ; il a soif de prières, et non de sang ; il se laisse réconcilier par le bon vouloir et non par le meurtre[1]. »

Il faut passer toute notre vie de prêtres à découvrir cet immense trésor du sacrifice eucharistique que Jésus nous a donné pour que nous devenions nous-mêmes Eucharistie, et ainsi nous cacher en Jésus. Alors seulement nous pourrons nous donner, nous aussi, à la manière du Christ, en accomplissant entièrement la volonté du Père. Essayons d'imiter saint Thomas d'Aquin : homme de prière et de contemplation, il a toujours gardé un sens très vif du primat de l'Absolu de Dieu en toutes choses. Ce qui ne lui a pas fait perdre l'immense investissement intellectuel

---

1. Saint Pierre Chrysologue, « Homélie sur le sacrifice spirituel », dans *La Liturgie des Heures*, t. 2, *op. cit.*

et d'enseignement des mystères divins : « Toutes les fois qu'il voulait entreprendre une dispute, enseigner, écrire ou dicter, nous rapporte un de ses biographes, il se retirait dans le silence et le secret de l'oraison et priait en versant des larmes, afin d'obtenir l'intelligence des mystères divins[1]. » Saint Jean l'Évangéliste, grand contemplatif et mystique, au moment de l'institution du sacerdoce et de l'Eucharistie, à la dernière Cène, reposa sa tête sur le cœur de Jésus (Jn 13, 23-25). Lui aussi ne transmettait aux autres que ce qu'il avait entendu et vu de ses propres yeux, ce qu'il avait contemplé et touché du Verbe de Vie (1 Jn 1, 1-4).

En effet, avec la Sainte Eucharistie, sacrement que l'on pourrait appeler sacrement de la générosité divine, Dieu nous concède sa grâce. Dieu lui-même se donne à nous, en Jésus-Christ qui y est réellement et toujours présent. Et ceci non seulement durant la Sainte Messe, mais aussi dans le tabernacle, avec son Corps, son Sang, son Âme et sa Divinité. Désormais, grâce à l'ordination presbytérale, nous avons, par vocation, le devoir de perpétuer quotidiennement, seul ou en présence du peuple de Dieu, le sacrifice eucharistique, le sacrifice du don que Jésus fait de lui-même au Père. Et après l'avoir adoré, contemplé, nous devons donner cette Présence d'amour aux fidèles pour qu'ils s'en nourrissent. Par l'imposition des mains, nous avons reçu dans nos âmes un caractère indélébile

1. Guillaume de Tocco, *Histoire de saint Thomas d'Aquin*, traduit et édité par Claire Le Brun-Gouanvic, « Sagesse chrétienne », éditions du Cerf, 2005.

qui nous configure au Christ-prêtre, Tête du Corps mystique. Nous avons donc à travailler, ou plutôt à nous laisser façonner chaque jour, pour que, grâce à l'Esprit-Saint, nous ressemblions parfaitement au Christ : « Ressemblance pareille à celle qui existe entre l'eau qui jaillit de la source et celle qui de là est venue dans l'amphore. En effet, c'est par nature la même pureté que l'on voit dans le Christ, et chez celui qui participe du Christ. Mais chez le Christ elle jaillit de la source, et celui qui participe du Christ puise à cette source et fait passer dans sa vie la pureté et la beauté du Christ[1]. » Mystère admirable, mais combien redoutable et terrifiant en même temps. Le Mystère de notre sacerdoce doit nous remplir de stupeur, de tremblement, mais en même temps d'une grande joie.

Avec le sacrement de l'Ordre, en prononçant les paroles consécratoires, qui sont les paroles mêmes du Christ, nous consacrons le pain et le vin pour qu'ils deviennent le Corps et le Sang du Christ. Nous offrons ainsi à Dieu le Saint Sacrifice. Nous pouvons pardonner les péchés dans la confession sacramentelle et exerçons le noble ministère de l'enseignement de la doctrine au peuple. Vous voyez, chers frères, que dans le sacerdoce tout ce que nous sommes, tout ce que nous faisons, tout ce que nous disons ou enseignons ne nous appartient pas. Tout, absolument tout, est don et manifestation de l'Amour de Dieu en faveur des hommes à travers notre pauvre et humble personne et sans mérite aucun de notre part. Nous sommes

1. Cf. Saint Cyrille de Jérusalem, Catéchèse 22, 3.

prêtres pour révéler le Dieu d'Amour qui s'est manifesté sur la Croix, et pour susciter, grâce à la prière, la foi, la conversion des cœurs, l'amour véritable et le retour de l'homme pécheur vers Dieu.

Comme prêtres, pasteurs et guides du peuple de Dieu, nous devons avoir la préoccupation constante d'être toujours loyaux envers la doctrine du Christ. Comme en témoigne Tertullien, nous ne devons enseigner rien d'autre que ce qu'ont enseigné les Apôtres du Christ, qui « partirent de par le monde, et annoncèrent aux nations la même doctrine et la même foi. Et dans chaque cité ils fondèrent des Églises auxquelles dès lors les autres Églises empruntèrent la bouture de la foi et la semence de l'enseignement, et l'empruntent tous les jours pour devenir elles-mêmes des Églises. Et par cela, elles aussi sont considérées comme apostoliques, en tant que rejetons des Églises apostoliques[1] ».

Luttons donc constamment pour acquérir la délicatesse de conscience, le respect religieux et fidèle envers le dogme et la morale qui constituent le dépôt de la foi et le patrimoine commun de l'Église du Christ. C'est précisément les conseils et l'exhortation que saint Paul adresse à chacun de nous lorsqu'il écrit à Timothée : « [...] Montre-toi un modèle pour les croyants, par la parole, la conduite, la charité, la foi, la pureté. En attendant que je vienne, consacre-toi à la lecture, à l'exhortation, à l'enseignement. Ne néglige pas le

1. Tertullien, *Sur la prédication apostolique*, in *La Liturgie des Heures*, t. 2, *op. cit.*

don spirituel qui est en toi, qui t'a été conféré par une intervention prophétique accompagnée de l'imposition des mains du collège des presbytres. Prends cela à cœur. Sois-y tout entier [...]. Veille sur ta personne et sur ton enseignement ; persévère en ces dispositions » (1 Tm 4, 12-16).

Si nous avons peur de proclamer la vérité de l'Évangile, si nous sommes intimidés et craignons les critiques et les attaques du monde laïciste, si nous avons honte de dénoncer les graves déviations dans le domaine de la doctrine et de la morale et si nous nous accommodons à ce monde, alors les paroles prophétiques d'Ézéchiel tomberont sur nous comme un sévère reproche divin : « [...] Malheur aux pasteurs d'Israël qui se paissent eux-mêmes. Les pasteurs ne doivent-ils pas paître le troupeau ? Vous vous êtes nourris de lait, vous vous êtes vêtus de laine, vous avez sacrifié les brebis les plus grasses, mais vous n'avez pas fait paître le troupeau. Vous n'avez pas fortifié les brebis chétives, soigné celle qui était malade, pansé celle qui était blessée. Vous n'avez pas ramené celle qui s'égarait, cherché celle qui était perdue. Mais vous les avez régies avec violence et dureté » (Ez 34, 2-4). Ces reproches sont graves, mais plus grave encore est l'offense que l'on ferait à Dieu si, ayant reçu librement la charge de veiller au bien spirituel de tous, nous maltraitions les âmes par des opinions personnelles confuses, ambiguës et relativistes, et les privions de la doctrine révélée par Dieu et transmise par l'Église.

Celui qui ne lutte pas pour prêcher l'Évangile, convertir, nourrir et conduire le peuple de Dieu sur la voie de la vérité et de la vie qu'est Jésus lui-même, celui qui se tait par peur, par honte ou respect humain devant les déviations mortelles de ce monde, s'expose à l'un ou l'autre de ces esclavages qui savent enchaîner nos pauvres cœurs : l'esclavage d'une vision exclusivement humaine et horizontale des choses, l'esclavage du désir ardent du pouvoir, de la réputation ou du prestige temporel, l'esclavage de la vanité, l'esclavage de l'argent et la servitude de la sensualité et d'une sexualité dévoyée. Il nous faut, comme nous le recommande John Henry Newman, « renoncer à toute réputation, honneur, influence et pouvoir ». Mais il n'y a qu'une voie qui puisse nous libérer de ces esclavages et nous conduire à assumer pleinement notre ministère de pasteurs et de bergers : c'est la voie de l'Amour. L'Amour est la clef pour comprendre le Christ, pour lui ressembler, et vivre en communion à ses souffrances et lui devenir conforme dans sa mort. Celui qui exerce le ministère pastoral dans l'Église ne peut puiser ses énergies que dans un Amour suprême pour le Christ. Faire paître le troupeau est un acte d'Amour, et la messe en est l'expression la plus haute.

XI

Le prêtre : homme consacré, homme du sacré

À partir d'une méditation de Benoît XVI

Introduction

« Notre être de prêtres n'est donc pas autre chose qu'une nouvelle et radicale façon d'être unis au Christ. Substantiellement, cela nous a été donné pour toujours par le sacrement. Mais ce nouveau sceau sur notre être peut devenir pour nous un jugement de condamnation si notre vie ne se déploie pas dans la vérité du sacrement. » Ce matin du jeudi saint de 2009, lors de la messe chrismale, la voix frêle et légèrement tremblante de Benoît XVI résonnait pourtant avec une force inégalée dans la basilique Saint-Pierre. En quelques mots, le Pape venait de résumer le cœur du mystère dont vivaient tous ces hommes qui étaient rassemblés autour de l'autel du sacrifice eucharistique, dont certains n'avaient pas encore trente ans et d'autres s'approchaient de la mort. Ce fut un moment de grâce. Benoît XVI ouvrait son cœur. Derrière la grande pudeur de l'homme délicat transparaissait le mystère de son âme.

Que nous disait-il ? Le prêtre est radicalement consacré, entièrement plongé dans l'intimité de Dieu. Sommes-nous réellement consacrés à Dieu ? Généralement, on réserve ce mot aux religieux et aux religieuses. Et pourtant Benoît XVI explicitait très clairement : le prêtre est soustrait de la sphère profane, de la sphère commune pour être donné à Dieu, pour être offert en sacrifice à Dieu. Être consacré signifie donc être enlevé du monde, c'est sortir du contexte de la vie du monde pour être donné absolument à Dieu. C'est être mis à part pour représenter les autres devant Lui. Non pas en raison de ses mérites ou de ses qualités exceptionnelles mais par vocation, par un appel personnel de Dieu. Chaque prêtre a entendu un jour résonner au plus intime de son âme cet appel. Et la voix de Dieu nous invitait à quitter le monde et à nous quitter nous-mêmes pour ne plus nous appartenir à nous-mêmes, mais pour que nous soyons totalement à Lui. Dieu nous adressait clairement ces questions : Veux-tu m'appartenir tout entier ? Veux-tu être mon prêtre ? Veux-tu être offert comme je suis offert ? Il est bon pour chaque prêtre de se remémorer ces instants où nous avons croisé le regard du Christ sur nous. Et toi, veux-tu aussi n'être qu'à moi ? Nous avons répondu oui et notre réponse est comme un écho du oui de Jésus au Père. « Consacre-les dans la vérité », disait Jésus. Le Christ demande pour ses disciples et pour chacun de nous la vraie sanctification, qui transforme notre être et nous transforme au plus profond de nous-mêmes ; il demande que cela ne reste pas purement rituel, mais soit une véritable appropriation par Dieu lui-même de la totalité de notre personne. Il veut surtout que cette transformation s'accomplisse jour après jour en nous, se traduise en vie concrète et rende visible et rayonnante sa Présence en nous. Qu'en nous voyant on voie le Christ, qu'en nous entendant on entende le Christ, et qu'en nous touchant on ressente cette force sacrée, cet effluve physique qui sortait de Jésus et qui opérait des guérisons (cf. Mc 5, 30).

Ce qui est sacré en nous, ce n'est pas notre pauvre personne humaine, c'est notre identification au Christ, c'est ce « oui » prononcé en lui. Nous sommes consacrés, c'est-à-dire offerts à Dieu. J'aime méditer sur les lettres de Jean-Paul II aux prêtres et tout particulièrement sur la lettre *Dominicae Cenae* du jeudi saint 1980 :

« Le "*Sacrum*" de la messe n'est donc pas une "sacralisation", c'est-à-dire un ajout de l'homme à l'action du Christ au Cénacle, puisque la Cène du Jeudi saint a été un rite sacré, une liturgie première et constitutive par laquelle le Christ, en s'engageant à donner sa vie pour nous, a célébré sacramentellement, Lui-même, le mystère de sa passion et de sa résurrection, cœur de toute messe. Dérivant de cette liturgie, nos messes revêtent de soi une forme liturgique complète qui, bien que diversifiée selon les familles rituelles, demeure substantiellement identique. Le "*Sacrum*" de la messe est une sacralité instituée par Jésus-Christ Lui-même. Les paroles et l'action de chaque prêtre, auxquelles correspond la participation consciente et active de toute l'assemblée eucharistique, font écho à celles du Jeudi saint.

« Le prêtre offre le Saint Sacrifice "*in persona Christi*", ce qui veut dire davantage qu'"*au nom*" ou "*à la place*" du Christ. "*In persona*" : c'est-à-dire dans l'identification spécifique, sacramentelle, au "grand prêtre de l'Alliance éternelle[1]", qui est l'auteur et le sujet principal de son propre sacrifice, dans lequel il ne peut vraiment être remplacé par personne. Lui seul – le Christ seul – pouvait et peut toujours être véritable et effective "propitiation pour nos péchés [...] et aussi pour ceux du monde entier". Seul son sacrifice – et non celui d'un autre – pouvait et peut avoir "vertu propitiatoire" devant Dieu, devant la Trinité, devant sa sainteté transcendante. La prise de conscience de cette réalité jette une certaine lumière sur le caractère et sur la signification du prêtre célébrant qui, en accomplissant le Saint Sacrifice et en agissant "*in persona Christi*" est introduit et inséré de manière sacramentelle (et en même temps ineffable), au cœur même de ce "*Sacrum*" dans lequel, à son tour, il associe spirituellement tous ceux qui participent à l'assemblée eucharistique.

« Ce "*Sacrum*", traduit en des formes liturgiques variées, peut manquer de quelque élément secondaire, mais en aucune façon il ne peut être dépourvu de sa sacralité et de sa sacramentalité, qui sont essentielles parce que voulues par le Christ, et transmises et contrôlées par l'Église. Le "*Sacrum*" ne peut pas non plus être détourné pour servir à d'autres fins. Le

1. Collecte de la messe votive du Saint-Sacrement. B : *Missale Romanum*.

mystère eucharistique, s'il est disjoint de sa nature sacrificielle et sacramentelle, cesse tout simplement d'être tel. Il n'admet aucune imitation "profane", qui deviendrait très facilement (même si ce n'est pas une règle absolue) une profanation. Il faut le rappeler toujours, surtout peut-être à notre époque où l'on observe une tendance à effacer la distinction entre "*Sacrum*" et "*profanum*", vu la tendance générale diffuse (au moins en certains lieux) à la désacralisation de toute chose.

« [...] La sacralité de l'Eucharistie a trouvé et trouve toujours son expression dans la terminologie théologique et liturgique[1]. Le sens de la sacralité objective du mystère eucharistique est tellement constitutif de la foi du peuple de Dieu que celle-ci s'en est enrichie et fortifiée. Les ministres de l'Eucharistie doivent donc, surtout de nos jours, être illuminés de la plénitude de cette foi vivante et, à la lumière de celle-ci, ils doivent comprendre et accomplir tout ce qui fait partie de leur ministère sacerdotal, par la volonté du Christ et de son Église. »

1. Nous parlons du « *divinum mysterium* », du « *sanctissimum* » ou du « *sacrosanctum* », c'est-à-dire du « sacré » et du « saint » par excellence. À leur tour, les Églises orientales appellent la messe « *raza* », c'est-à-dire « *mystérion* », « *hagiasmos* », « *quddasha* », « *qedassé* », c'est-à-dire « consécration » par excellence. Interviennent en outre les rites liturgiques qui, pour inspirer le sens du sacré, demandent parfois le silence, la position debout ou à genoux, ou la profession de foi, l'encensement de l'Évangile, de l'autel, du célébrant et des saintes espèces. Bien plus, ces rites appellent l'aide des êtres angéliques, créés pour le service de Dieu saint : par le « sanctus » de nos Églises latines, par le « *trisagion* » et le « *sancta sanctis* » des liturgies d'Orient.

Le prêtre est consacré, il est l'homme du sacré, parce qu'il appartient à Dieu. Certains ont mal interprété cette réalité. Ils en ont conclu que tout acte posé par un prêtre serait lui aussi automatiquement bon. Pourtant, nous le savons, nous sommes capables de péchés. Le caractère sacré du prêtre ne le rend pas inaccessible à la tentation et au mal. Il n'en est pas préservé. Au contraire, chaque fois qu'il tombe dans le péché, sa faute est comme un « sacrilège », il profane son appartenance au Christ. Son péché a un caractère plus grave, plus scandaleux, plus incompréhensible.

Nous le savons, par le sacrement, nous appartenons substantiellement au Christ, mais cette appartenance il nous revient tous les jours de la faire passer dans notre existence par le combat spirituel.

À juste titre, les chrétiens attendent que la vie des prêtres soit cohérente avec le caractère sacré de leur identité profonde. Ils savent intuitivement qu'un prêtre qui n'est pas un saint est une sorte d'anomalie. Car le sacré sans sainteté n'a pas de sens.

Benoît XVI, Homélie lors de la messe chrismale, jeudi saint, 9 avril 2009

Chers frères et sœurs,

Au Cénacle, la veille de sa passion, le Seigneur a prié pour ses disciples réunis autour de Lui, regardant en même temps par avance vers la communauté des disciples de tous les temps, vers « ceux qui accueilleront leur parole et croiront en moi » (Jn 17, 20). Dans sa prière pour tous ses disciples de tous les temps, il a pensé aussi à nous et il a prié pour nous. Écoutons ce qu'il demande pour les Douze et pour nous qui sommes réunis ici : « Consacre-les par la vérité : ta parole est vérité. De même que tu m'as envoyé dans le monde, moi aussi, je les ai envoyés dans le monde. Et pour eux je me consacre moi-même, afin qu'ils soient, eux aussi consacrés par la vérité » (Jn 17, 17-19). Le Seigneur demande notre sanctification, notre consécration dans la vérité. Et il nous envoie pour continuer sa propre mission. Mais il y a dans cette prière une phrase qui attire notre attention, qui nous semble peu compréhensible. Jésus dit : « Pour eux je me consacre moi-même. » Qu'est-ce que cela signifie ? En soi, Jésus n'est-il pas « le Saint de Dieu », comme Pierre l'a déclaré à un moment décisif à Capharnaüm (cf. Jn 6, 69) ? Comment peut-il à présent se consacrer, c'est-à-dire se sanctifier lui-même ?

Pour le comprendre, nous devons surtout expliquer ce que veulent dire dans la Bible les mots « saint » et « sanctifier/consacrer ». « Saint » – ce mot indique avant tout la nature même de Dieu, sa manière d'être toute particulière, sa divinité, qui est propre à Lui seul. Lui seul est le véritable et authentique Saint au sens originaire. Toute autre sainteté provient de Lui, est une participation à sa manière d'être. Il est la Lumière très pure, la Vérité et le Bien sans tache. Consacrer quelque chose ou quelqu'un signifie donc donner cette chose ou cette personne en propriété à Dieu, la retirer du cadre de ce qui est nôtre et l'introduire dans son domaine, afin qu'elle ne nous appartienne plus, mais soit totalement de Dieu. Consacrer, c'est donc enlever du monde et remettre au Dieu vivant. La chose ou la personne ne nous appartient plus, et ne s'appartient même plus à elle-même, mais elle est plongée en Dieu. Se priver de cette manière d'une chose pour la donner à Dieu, c'est ce que nous appelons aussi sacrifice : cela ne sera plus ma propriété, mais sera sa propriété à Lui. Dans l'Ancien Testament, la remise d'une personne à Dieu, c'est-à-dire sa « sanctification », s'identifie avec l'Ordination sacerdotale, et, de cette manière, est défini aussi ce en quoi consiste le sacerdoce : c'est un passage de propriété, c'est être enlevé du monde et donné à Dieu. Ainsi sont mises en évidence les deux directions qui font partie du processus de sanctification/consécration. C'est sortir du contexte de la vie du monde – c'est « être mis à part » pour Dieu. Mais, pour cette raison précisément, ce n'est pas une ségrégation. Être remis à Dieu, cela signifie plutôt être placé pour représenter les autres. Le prêtre est soustrait aux liens du monde et donné à Dieu, et ainsi, à partir de Dieu, il doit être disponible pour les autres, pour tous. Quand Jésus dit : « Je me consacre », Il se fait en même temps prêtre et victime. C'est pourquoi Bultmann a raison en traduisant l'affirmation : « Je me consacre » par « Je me sacrifie ». Comprenons-nous à présent ce qui se produit quand Jésus dit : « Je me consacre pour eux » ? C'est là l'acte sacerdotal par lequel Jésus – l'homme Jésus, qui ne fait qu'un avec le Fils de Dieu – se donne au Père pour nous. C'est l'expression du fait qu'il est à la fois prêtre et victime. Je me consacre – je me sacrifie : cette expression abyssale, qui nous laisse percer l'intimité du cœur de Jésus-Christ, devrait être continuellement l'objet de notre réflexion. En elle est englobé tout le mystère de notre rédemption. Et l'origine du sacerdoce de l'Église, de notre sacerdoce y est aussi contenue.

À présent seulement, nous pouvons comprendre pleinement la prière que le Seigneur a présentée à son Père pour les disciples – pour nous. « Consacre-les par la vérité » : c'est là l'entrée des apôtres dans le sacerdoce de Jésus-Christ, l'institution de son sacerdoce nouveau pour la communauté des fidèles de tous les temps. « Consacre-les par la vérité » : c'est là la véritable prière de consécration pour les apôtres. Le Seigneur demande que Dieu lui-même les attire à lui, dans sa sainteté. Il Lui demande de les soustraire à eux-mêmes et de les faire siens, afin que, à partir de Lui, ils puissent remplir leur service sacerdotal pour le monde. Cette prière de Jésus apparaît deux fois sous une forme légèrement modifiée. Les deux fois, nous devons l'écouter avec beaucoup d'attention pour commencer à comprendre au moins un peu le fait sublime qui est en train de s'accomplir. « Consacre-les par la vérité. » Jésus ajoute : « Ta parole est vérité. » Les disciples sont donc attirés dans l'intimité de Dieu par leur immersion dans la parole de Dieu. La Parole de Dieu est, pour ainsi dire, le bain qui les purifie, le pouvoir créateur qui les transforme dans l'être de Dieu. Qu'en est-il alors dans notre vie ? Sommes-nous vraiment imprégnés de la Parole de Dieu ? Est-elle vraiment la nourriture qui nous fait vivre, plus encore que le pain et les choses de ce monde ? La connaissons-nous vraiment ? L'aimons-nous ? Intérieurement, nous préoccupons-nous de cette Parole au point qu'elle façonne réellement notre vie et informe notre pensée ? Ou bien notre pensée n'est-elle pas plutôt sans cesse modelée sur tout ce qui se dit et tout ce qui se fait ? Les opinions prédominantes ne sont-elles pas très souvent les critères sur lesquels nous nous basons ? Ne demeurons-nous pas, en fin de compte, dans la superficialité de tout ce qui s'impose en général à l'homme d'aujourd'hui ? Nous laissons-nous vraiment purifier dans notre for intérieur par la Parole de Dieu ? Nietzsche a décrit ironiquement l'humilité et l'obéissance comme des vertus serviles, par lesquelles les hommes auraient été diminués. Il a mis à leur place la fierté et la liberté absolue de l'homme. Or, il y a des caricatures d'une humilité erronée et d'une soumission erronée, que nous ne voulons pas imiter. Mais il y a aussi l'orgueil destructeur et la présomption qui désintègrent toute communauté et aboutissent à la violence. Savons-nous apprendre du Christ la juste humilité qui correspond à la vérité de notre être, et l'obéissance qui se soumet à la vérité, à la volonté de Dieu ? « Consacre-les par la vérité ; ta parole est vérité » : ces mots qui introduisent dans le sacerdoce éclairent notre vie et nous appellent à devenir toujours à nouveau disciples de cette vérité, qui se révèle dans la Parole de Dieu.

Dans l'interprétation de cette phrase, nous pouvons faire encore un pas de plus. Jésus n'a-t-il pas dit de lui-même : « Je suis la Vérité » (cf. Jn 14, 6) ? Est-ce qu'il n'est pas lui-même la Parole vivante de Dieu, à laquelle se rapportent toutes les autres paroles ? Consacre-les par la vérité – cela veut donc dire, au sens le plus profond : fais qu'ils ne soient qu'un avec moi, le Christ. Attache-les à moi. Attire-les en moi. Et, de fait, il n'existe en dernière analyse qu'un seul *prêtre de la Nouvelle Alliance, Jésus lui-même. Et le sacerdoce des disciples, par conséquent, ne peut être qu'une participation au sacerdoce de Jésus. Notre être de prêtres n'est donc pas autre chose qu'une nouvelle et radicale façon d'être unis au Christ. Substantiellement, cela nous a été donné pour toujours dans le Sacrement. Mais ce nouveau sceau sur notre être peut devenir pour nous un jugement de condamnation si notre vie ne se déploie pas dans la vérité du Sacrement. Les promesses que nous renouvelons aujourd'hui disent à ce propos que notre volonté doit être orientée ainsi :* Domino Iesu arctius coniungi et conformari, vobismetipsis abrenuntiantes. *S'unir au Christ suppose le renoncement. Cela implique que nous ne voulons pas imposer notre route, ni notre volonté ; que nous ne désirons pas devenir ceci ou cela, mais que nous nous abandonnons à Lui, sans nous préoccuper de savoir où et de quelle manière il voudra se servir de nous. « Je vis, mais ce n'est plus moi, c'est le Christ qui vit en moi » (Ga 2, 20), a dit saint Paul à ce sujet. Dans le « oui » de l'Ordination sacerdotale nous avons fait ce renoncement fondamental à la volonté d'être autonomes, à l'« autoréalisation ». Mais, jour après jour, il faut réaliser ce grand « oui » dans les nombreux petits « oui » et dans les petits renoncements. Ce « oui » des petits pas qui mis ensemble forment le grand « oui » pourra se réaliser sans amertume et sans apitoiement sur soi, seulement si le Christ est vraiment le centre de notre vie. Dans la mesure où nous entrons dans une authentique familiarité avec Lui. Alors, en fait, au milieu des renoncements qui au début peuvent être cause de souffrances, nous faisons l'expérience de la joie croissante de l'amitié avec Lui, de tous les petits et parfois aussi des grands signes de l'amour qu'il nous donne continuellement. « Qui perd sa vie la trouve. » Si nous osons nous perdre nous-mêmes pour le Seigneur, nous vérifions alors par l'expérience combien cette parole est vraie.*

Être plongés dans la Vérité, dans le Christ – la prière fait partie de ce processus dans lequel nous apprenons à devenir ses amis et aussi à le connaître : sa manière d'être, de penser, d'agir. Prier est un cheminement dans une communion personnelle avec le Christ, lui présentant notre vie quotidienne, nos succès et nos échecs, nos épreuves et nos joies – il s'agit simplement de se présenter devant Lui. Mais pour éviter que cela ne devienne une autocontemplation, il est important que nous apprenions continuellement à prier en priant avec l'Église. Célébrer l'Eucharistie veut dire prier. Nous célébrons l'Eucharistie de manière juste, si en pensée et par tout notre être nous entrons dans les paroles que l'Église nous propose. En elles se trouve la prière de toutes les générations qui nous entraînent avec elles sur le chemin vers le Seigneur. Comme prêtres, nous sommes ceux qui, dans la célébration eucharistique, par leur prière, ouvrent la route à la prière des fidèles d'aujourd'hui. Si nous sommes intérieurement unis aux paroles de la prière, si nous nous laissons guider et transformer par elles, alors les fidèles eux aussi trouvent l'accès à ces paroles. Alors, nous devenons tous véritablement « un seul corps et une seule âme » avec le Christ.

Être plongés dans la vérité et ainsi dans la sainteté de Dieu, cela signifie pour nous accepter aussi le caractère exigeant de la vérité ; s'opposer, dans les grandes choses comme dans les petites, au mensonge, qui de manière extrêmement variée est présent dans le monde ; accepter le combat pour la vérité, pour que sa joie la plus profonde soit présente en nous. Quand nous parlons d'être consacrés par la vérité, nous ne devons pas non plus oublier qu'en Jésus-Christ vérité et amour sont une seule réalité. Être plongés en Lui signifie être plongés dans sa bonté, dans l'amour vrai. L'amour vrai ne se trouve pas à bon marché, il peut même être très exigeant. Il oppose résistance au mal, pour conduire l'homme vers le bien véritable. Si nous devenons un avec le Christ, nous apprenons à Le reconnaître dans ceux qui souffrent, dans les pauvres, dans les petits de ce monde ; alors nous devenons des personnes qui servent, qui reconnaissent les frères et sœurs du Christ et qui en eux le rencontrent Lui-même.

« Consacre-les par la vérité » – c'est la première partie de cette parole de Jésus. Mais il ajoute après : « Pour eux, je me consacre moi-même, afin qu'ils soient, eux aussi, consacrés par la vérité » – c'est-à-dire authentiquement (Jn 17, 19). Je pense que cette deuxième partie a une signification particulière. Il existe dans les diverses religions dans le monde de multiples modes rituels de « sanctification », de consécration d'une personne humaine. Mais tous ces rites peuvent rester à un niveau purement formel. Le Christ demande pour ses disciples la vraie sanctification, qui transforme leur être, qui les transforme eux-mêmes ; que cela ne reste pas purement rituel, mais soit une véritable appropriation par le Dieu lui-même. Nous pourrions dire encore : le Christ a demandé pour nous le Sacrement qui nous touche dans la profondeur de notre être. Mais il a prié aussi pour que cette transformation qui s'accomplit jour après jour en nous se traduise en vie ; il a prié pour que dans notre vie quotidienne, dans le concret de notre vie de chaque jour, nous soyons vraiment envahis par la lumière de Dieu.

À la veille de mon Ordination sacerdotale, il y a cinquante-huit ans, j'ai ouvert la Sainte Écriture, parce que je voulais encore recevoir une Parole du Seigneur pour ce jour et pour le chemin que j'aurais à parcourir comme prêtre. Et mon regard est tombé sur ce passage : « Consacre-les par la vérité : ta parole est vérité. » Alors j'ai su : le Seigneur est en train de parler de moi, et il est en train de me parler. C'est exactement ce qui arrivera pour moi demain. En dernière analyse, nous ne sommes pas consacrés par des rites, même s'il y a besoin de rites. Le bain dans lequel le Seigneur nous plonge, c'est Lui-même – la Vérité en personne. Ordination sacerdotale, veut dire : être immergés en Lui, dans la Vérité. Je lui appartiens d'une manière nouvelle et de cette manière j'appartiens aux autres, « pour que ton règne vienne ». Chers amis, au moment du renouvellement des promesses, nous voulons prier le Seigneur afin qu'il fasse de nous des hommes de vérité, des hommes d'amour, des hommes de Dieu. Prions-le de nous attirer toujours plus en lui, afin que nous devenions véritablement prêtres de la Nouvelle Alliance. Amen.

Méditation

Le prêtre est un consacré. Par l'acte sacré de la sainte Ordination, le prêtre est introduit dans un nouveau genre de vie, qui le soustrait aux liens du monde pour être donné à Dieu et uni au Christ dans un lien original, ineffable, irréversible. En effet, c'est dans son âme même que, par l'Ordination sacerdotale, le prêtre est marqué d'un caractère spécial qui le configure, l'identifie et le rend conforme au Christ-prêtre pour le rendre capable d'agir au nom du Christ Tête en personne. C'est ce qu'affirme le concile Vatican II : « Les prêtres sont ministres du Christ Tête pour construire et édifier son Corps tout entier, l'Église, comme coopérateurs de l'Ordre épiscopal : c'est à ce titre que le sacrement de l'Ordre les configure au Christ-prêtre. Certes, par la consécration baptismale, ils ont déjà reçu, comme tous les chrétiens, le signe et le don d'une vocation et d'une grâce qui comportent pour eux la possibilité et l'exigence de tendre, malgré la faiblesse humaine, à la perfection dont parle le Seigneur : "Vous donc, vous serez parfaits comme votre Père Céleste est parfait" (Mt 5, 48). Mais cette perfection, les prêtres sont tenus de l'acquérir à un titre particulier : en recevant l'Ordre, ils ont été consacrés à Dieu d'une manière nouvelle pour être les instruments vivants du Christ-prêtre éternel, habilités à poursuivre au long du temps l'action admirable par laquelle, dans sa puissance souveraine, il a restauré la communauté chrétienne tout entière. Dès lors qu'il tient à sa manière la place du Christ en personne, tout prêtre est, de ce fait, doté d'une grâce particulière ; cette grâce le rend plus capable de tendre, par le service des hommes qui lui sont confiés et du peuple de Dieu tout entier, vers la perfection de Celui qu'il représente[1] ».

« Certes, nous sommes [, nous les prêtres,] pris d'entre les hommes et nous demeurons proches d'eux.

1. Conc. œcum. Vat. II, Décret sur le ministère et la vie des prêtres, *Presbyterorum ordinis*, n° 12, 7 décembre 1965.

"Chrétiens avec eux", comme disait saint Augustin. Mais nous sommes "mis à part", totalement consacrés à l'œuvre du salut à laquelle le Seigneur Jésus nous appelle[1]. »

Vous comprenez maintenant comment le prêtre devient un « *Segregatus in Evangelium Dei* : mis à part pour l'Évangile de Dieu » (Rm 1, 1). Il n'appartient plus au monde, ni à lui-même, mais se trouve dorénavant dans un état d'exclusive propriété du Seigneur. Le caractère sacré l'atteint à une telle profondeur qu'il oriente intégralement et exclusivement tout son être. Et cela à un point tel qu'il ne reste en lui plus rien dont il puisse disposer comme s'il n'était pas prêtre du Seigneur. Même lorsqu'il accomplit des actions qui, de par leur nature, sont d'ordre temporel, le prêtre est toujours le ministre de Dieu. En lui, tout, absolument tout, même le profane, doit devenir « sacerdotal », comme en Jésus, qui a toujours été prêtre, a toujours agi comme prêtre, dans toutes les manifestations de sa vie. Jésus nous identifie de telle manière à Lui-même dans l'exercice des pouvoirs qu'il nous a conférés que notre personnalité disparaît devant la sienne, puisque c'est Lui qui agit par notre entremise. « Par le sacrement de l'Ordre, a dit justement saint Josemaria Escrivà de Balaguer, le prêtre devient effectivement apte à prêter à Jésus Notre-Seigneur sa voix, ses mains et tout son être. C'est Jésus qui, dans la Sainte Messe, par les paroles de la consécration,

1. Jean-Paul II, *Discours du Saint-Père à l'occasion de la retraite spirituelle des prêtres, diacres et séminaristes,* Ars, 6 octobre 1986.

change les substances du pain et du vin en son Corps et en son Sang[1]. »

C'est Jésus Lui-même qui, dans le sacrement de la pénitence, prononce la Parole miséricordieuse et paternelle : « Tes péchés te sont remis » (Mt 9, 3 ; Lc 5, 20 ; 7, 48 ; cf. Jn 20, 25). C'est Lui qui parle quand le prêtre, en exerçant son ministère, au nom et dans l'esprit de l'Église, annonce la Parole de Dieu. C'est le Christ lui-même qui a soin des malades, des enfants et des pécheurs, quand l'Amour et la sollicitude pastorale des ministres sacrés les entourent, veillent sur eux et les protègent, comme le berger protège ses brebis des loups. Vous voyez : nous nous trouvons ici au faîte et au plus haut sommet du sacerdoce du Christ dont nous sommes les participants, et qui faisait s'écrier l'auteur de la Lettre aux Hébreux : « Sur ce sujet nous aurions beaucoup de choses à dire, et difficiles à exposer » (He 5, 11). Parce qu'il est consacré à Dieu, totalement et exclusivement donné à Lui, le prêtre n'a d'autre bien, d'autre richesse, d'autre patrimoine, d'autre trésor que Dieu. Ainsi son cœur peut-il chanter, jour et nuit : « Seigneur, mon partage et ma coupe : de toi dépend mon sort. La part qui me revient fait mes délices ; j'ai même le plus bel héritage ! Je bénis le Seigneur qui me conseille : même la nuit mon cœur m'avertit. Je garde le Seigneur devant moi sans relâche ; il est à ma droite : je suis inébranlable » (Ps 15, 5-8).

---

1. Cf. Josemaria Escrivà de Balaguer, *Sacerdote per l'eternità*, Milan, 1975.

Nous ne sommes pas consacrés pour nous-mêmes, mais pour Dieu, pour l'Église et le monde. Ce don du sacerdoce, souvenez-vous-en toujours, bien-aimés prêtres, est un prodige qui a été réalisé en nous, mais non pas pour nous. Il l'a été pour l'Église, autrement dit pour que le monde soit sauvé. La dimension sacrée du sacerdoce est ordonnée à la dimension apostolique, c'est-à-dire à la mission, au ministère pastoral. « Comme le Père m'a envoyé, moi aussi je vous envoie » (Jn 20, 21). L'Église est envoyée par Dieu. Elle ne prend pas d'elle-même l'initiative de sortir et d'aller par le monde dire ses opinions et son propre jugement sur les questions humaines. Elle est envoyée pour enseigner la Parole et les lois de Dieu. Elle ne sort pas d'elle-même pour aller dans le monde proposer ses idées ou ses points de vue sur l'homme et la société, ou ses opinions morales. Le prêtre est donc, lui aussi, un envoyé. Voilà une nouvelle connotation essentielle de l'identité sacerdotale. Notre sacerdoce s'enracine dans les missions des personnes divines, dans leur don mutuel au cœur de la Sainte-Trinité. Ainsi notre mission est une mission de salut. « Car Dieu n'a pas envoyé son Fils dans le monde pour juger le monde, mais pour que le monde soit sauvé par lui » (Jn 3, 17). Jésus a prêché la Bonne Nouvelle du Royaume ; il a choisi et formé ses Apôtres ; il a accompli par la croix et la résurrection l'œuvre de la rédemption ; à la suite des Apôtres, nous sommes associés d'une façon particulière à son œuvre de salut, pour la rendre présente, actuelle et efficiente partout dans le monde. Saint Jean-Marie Vianney allait jusqu'à dire : « Sans le prêtre, la mort et la passion de Notre-Seigneur ne serviraient de rien. C'est le prêtre qui continue l'œuvre de rédemption sur la terre. [...] Le sacerdoce, c'est l'amour du cœur de Jésus[1]. »

Ce que nous avons à réaliser, ce n'est donc pas notre œuvre, c'est le dessein du Père, c'est l'œuvre de salut du Fils. L'Esprit-Saint se sert de notre esprit, de notre intelligence, de notre bouche, de notre volonté, de nos mains et de toutes nos capacités pour porter à sa pleine réalisation l'œuvre de salut voulue par la Trinité Sainte. Il nous revient notamment de proclamer sans cesse la Parole pour évangéliser, de la traduire de manière à toucher les cœurs et à les tourner résolument vers Jésus-Christ. Il nous faut proclamer clairement, hardiment et fidèlement la Parole de Dieu, sans l'altérer ni l'amoindrir, sans la diluer ou la corrompre.

Il s'agit de refaire le geste de l'offrande de Jésus à la Cène, et de reproduire ses gestes de pardon envers les pécheurs. Il s'agit ici d'aider les pécheurs à reconnaître leur péché, de les stimuler à le nommer par son nom. Quand, dans l'Évangile de saint Jean, les scribes lui tendent un piège en lui amenant une femme adultère et lui disent : « Maître, cette femme a été surprise en flagrant délit d'adultère. Or, dans la Loi, Moïse nous a prescrit de lapider ces femmes-là. Toi donc, que dis-tu ? » (Jn 8, 4-5). Jésus, baissant son regard, se met à écrire avec son doigt sur le sol. Eux insistent

1. Bernard Nodet, *Jean-Marie Vianney, curé d'Ars. Sa pensée, son cœur*, *op. cit.*

et demandent une réponse à leur question. Il leur dit : « Que celui d'entre vous qui est sans péché lui jette le premier une pierre ! Et se baissant de nouveau, il écrivait sur le sol » (Jn 8, 7-8). Alors il se redresse et réaffirme clairement toute la valeur et l'immutabilité des lois et des exigences divines ; il montre comment on doit se comporter à l'égard du pécheur, dont il respecte la dignité humaine : « Moi non plus, je ne te condamne pas. Va, [et] désormais ne pèche plus » (Jn 8, 11). Voilà les paroles de l'Évangile : le mal est le mal, le péché est le péché, l'adultère est l'adultère. Mais l'homme demeure appelé à la sainteté. Il doit continuellement opérer en lui-même le passage du vieil homme, c'est-à-dire du pécheur, vers l'Homme Nouveau régénéré par l'eau et par l'Esprit (cf. Jn 3, 5). Il nous faut dénoncer le mal, et inviter à la conversion, à l'abandon radical du péché.

En revêtant la personne du Christ, nous exerçons d'une certaine manière sa mission et sa fonction de médiateur. Nous sommes les interprètes de la Parole de Dieu, les dispensateurs des mystères divins (cf. 1 Co 4, 1 ; 2 Co 6, 4) auprès du peuple. Nous sommes envoyés à tous ses membres : les enfants, les jeunes, les plus anciens, les familles, les travailleurs, les pauvres et les riches, les petites et les grandes personnes, les malades et les bien portants, et surtout ceux qui sont loin de Dieu et les adversaires de l'Église. Personne n'est exclu de la charité pastorale. Dieu n'exclut personne et n'a de préférence pour personne. Il est le Père de tous. « Car il fait lever son soleil sur les méchants et sur les bons, et tomber la pluie sur les justes et sur les injustes » (Mt 5, 45). Mais il exige la conversion radicale et le retour à Dieu en vivant conformément à ses lois. Nous prêtres, nous sommes la voix de Dieu pour inviter à la conversion et conduire les hommes à notre Seigneur. Nous sommes, nous aussi, au nom de Dieu, les pères de tous. Nous sommes les porteurs de leurs offrandes. Nous sommes leurs voix priantes et suppliantes, exultantes et gémissantes. Nous sommes leur expiation (cf. 2 Co 5, 21).

Nous vivons au milieu du monde, partageant avec les hommes de notre temps leurs angoisses, leurs espoirs, leurs joies et luttant avec eux pour qu'adviennent la vraie liberté, la justice, la paix, le bien-être de tous. Car, dit encore le concile Vatican II : « Les joies et les espoirs, les tristesses et les angoisses des hommes de ce temps, des pauvres surtout et de tous ceux qui souffrent, sont aussi les joies et les espoirs, les tristesses et les angoisses des disciples du Christ, et il n'est rien de vraiment humain qui ne trouve écho dans leur cœur[1]. » Pourtant les prêtres ne doivent pas se laisser posséder par le monde ni par le Prince de ce monde, le Malin (cf. Jn 17, 14-15). « Ne vous conformez pas, nous exhorte saint Paul, aux opinions et aux goûts de ce monde » (cf. Rm 12, 2). Travaillez plutôt à insérer votre personnalité, avec ses aspirations, dans la ligne de la volonté de Dieu. Soyez des signes de Dieu. Sachez pourtant que la force du signe ne réside pas dans le conformisme, mais dans la distinction. La lumière se distingue des ténèbres afin de pouvoir éclairer le

1. *Gaudium et spes*, n° 1.

chemin de celui qui marche dans la nuit et les ténèbres de notre monde. Le sel tranche avec l'aliment pour pouvoir lui donner sa saveur. Le feu s'oppose à la glace pour pouvoir réchauffer les membres engourdis par le froid. Le Christ nous appelle « lumière et sel de la terre ». Dans un monde dispersé, déboussolé, confus et désorienté par les graves crises que nous traversons en ce moment, crise de la foi, crise sacerdotale, crises anthropologique et culturelle, désacralisation de la liturgie, la force du signe consiste exactement à oser être différent. Le signe doit ressortir d'autant plus que l'action apostolique exige une grande insertion dans la masse humaine. Nous devons oser nous présenter distinctivement comme prêtres. Nous devons oser porter un habit qui nous distingue. Nous devons oser trancher avec l'esprit du monde. Sans cela, nous ne serons plus signe de rien.

Quand on perd de vue ces horizons lumineux, la figure du prêtre s'obscurcit, son identité entre en crise, ses devoirs particuliers ne se justifient plus, sa raison d'être s'affaiblit. « Homme pour les autres », le prêtre l'est assurément, mais en vertu de sa manière particulière d'être « homme pour Dieu ». Le service de Dieu est le fondement sur lequel il doit construire le service authentique des hommes, celui qui consiste à libérer les âmes de l'esclavage du péché et à reconduire l'homme vers le nécessaire service de Dieu. Dieu, en effet, veut faire de l'humanité un peuple qui l'honore, le glorifie, l'aime et l'adore « en esprit et en vérité » (Jn 4, 23).

Le prêtre n'est pas un assistant social ou le directeur d'une ONG qui gère l'aide humanitaire. Son service n'est pas celui du médecin, de l'homme politique ou du syndicaliste.

C'est dans le domaine des âmes, de leur relation avec Dieu que le prêtre a une fonction essentielle à exercer. Et c'est ici que doit se réaliser son assistance aux hommes de notre temps. À coup sûr, chaque fois que les circonstances l'exigent, il ne se dispensera pas d'apporter aussi une assistance matérielle par le moyen des œuvres de charité et de la défense de la justice. Mais, comme je l'ai déjà dit, il s'agit là en définitive d'un service secondaire qui ne doit jamais faire perdre de vue le service principal : aider les âmes à découvrir le Père, à s'ouvrir à Lui et à L'aimer par-dessus tout. Cette parole des Apôtres doit être profondément gravée dans le cœur de chaque prêtre : « [...] Il ne sied pas que nous délaissions la Parole de Dieu pour servir aux tables. Cherchez plutôt parmi vous, frères, sept hommes de bonne réputation, remplis de l'Esprit et de sagesse, et nous les préposerons à cet office ; quant à nous, nous resterons assidus à la prière et au service de la Parole » (Ac 6, 2-4). Ainsi seulement le prêtre sera assuré de son identité. Il ne se sentira jamais inutile ou déclassé, même s'il était contraint de renoncer à toute activité extérieure. Car, si le Saint Sacrifice de la Messe, la prière et la pénitence qui sont l'essentiel de son sacerdoce demeurent, alors il continue à rendre à Dieu une gloire immense, comme le Christ pendant trente ans, enfoui dans la contemplation, l'écoute attentive, intérieure et joyeuse de la volonté du Père.

XII

Le Christ, Grand Prêtre parfait

À partir d'une méditation du Pape François

Introduction

L'Épître aux Hébreux est catégorique lorsque, comme dans une splendide homélie sur le Sacerdoce du Christ, elle affirme que le seul Prêtre, c'est le Christ. En réalité, nous n'avons qu'un seul Grand Prêtre, c'est Jésus-Christ. Le sacerdoce des évêques et des prêtres n'est rien d'autre qu'une participation sacramentelle à cet unique sacerdoce qui s'est accompli dans le seul sacrifice efficace : celui de la Croix.

« De même ce n'est pas le Christ qui s'est attribué à soi-même la gloire de devenir Grand Prêtre, mais il l'a reçue de Celui qui lui a dit : "Tu es mon Fils, moi aujourd'hui, je t'ai engendré." [...] C'est lui qui, aux jours de sa chair, ayant présenté, avec une violente clameur et des larmes, des implorations et des supplications à celui qui pouvait le sauver de la mort, et ayant été exaucé en raison de sa piété, tout Fils qu'il était, apprit, de ce qu'il souffrit, l'obéissance ; après avoir été rendu parfait, il est devenu pour tous ceux qui lui obéissent principe de salut éternel » (He 5, 5.7-10).

Essayons d'approfondir cette affirmation en précisant le terme perfection qui constitue l'aboutissement de l'offrande du Christ. Cela nous permettra de comprendre la nature du nouveau sacrifice et l'orientation du nouveau sacerdoce, tels que le Christ les conçoit.

Dans l'Ancien Testament, on regardait la consécration sacerdotale comme une séparation qui transportait le prêtre dans un domaine à part et lui interdisait désormais tout contact avec le monde profane. Profondément fasciné par sa relation privilégiée avec Dieu, l'Ancien Testament voyait le prêtre comme l'homme absolument donné à Dieu, « l'homme pour Dieu », l'homme fait pour offrir à Dieu des offrandes saintes et faire monter l'agréable parfum de l'encens jusqu'à lui. Il doit enseigner fidèlement et transmettre intégralement Sa Parole. Cette appartenance à Dieu nécessitait la rupture des liens familiaux, comme le souligne le livre du Deutéronome : « Il dit de son père et de sa mère : "Je ne l'ai pas vu." Ses frères, il ne les connaît plus. Ses fils, il les ignore. Oui ils ont gardé ta parole et ils retiennent ton alliance. Ils enseignent tes coutumes à Jacob et ta Loi à Israël. Ils font monter l'encens à tes narines et mettent l'holocauste sur ton autel » (Dt 33, 9-10).

Le prêtre avait aussi autorité pour parler au nom de Dieu. Il était son messager. Mais un messager pas toujours fidèle, falsifiant souvent la Parole de Dieu. Il arrive encore aujourd'hui d'entendre des prêtres présenter Dieu de façon vulgaire et mondaine, et manipuler sa Parole à leur guise pour l'adapter à la mentalité et aux idéologies modernes antichrétiennes. « Car, dit le prophète Malachie, c'est aux lèvres du prêtre de garder le savoir, et c'est de sa bouche qu'on recherche l'enseignement : il est le messager de Yahvé Sabaot. Mais vous vous êtes écartés de la voie ; vous en avez fait trébucher un grand nombre par l'enseignement, vous avez détruit l'alliance de Lévi ! dit Yahvé Sabaot » (Ml 2, 7-8). En outre, le prêtre de l'Ancien Testament était d'une sévérité impitoyable envers les pécheurs (Ex 32, 26-29 ; Nb 25, 6-12).

Certes, le prêtre demeure et demeurera le messager de Dieu, il transmettra au peuple les enseignements de Dieu, ses coutumes et ses lois, et non pas ses propres opinions personnelles. Il fera toujours monter vers Dieu la prière comme un encens et placera toujours l'holocauste sur l'Autel de Dieu. Mais le Christ modifiera radicalement la perspective et cette conception de la consécration sacerdotale. En effet l'auteur de l'Épître aux Hébreux, en méditant sur la Passion et sur la situation actuelle du Christ auprès du Père, a compris que la sanctification par séparation rituelle, telle que la concevait l'Ancien Testament, était gravement déficiente. En réalité, ce n'était pas une consécration véritable, car elle ne transformait pas substantiellement et en profondeur l'homme qui la recevait, et ne l'approchait donc pas de Dieu. Elle s'effectuait au moyen des sacrifices d'animaux (Lv 8 ; 9). Or, comment des sacrifices d'animaux pouvaient-ils apporter la perfection à une conscience humaine souillée ou à un homme gravement, profondément corrompu par l'argent, le pouvoir et les plaisirs humains ? En effet, du sang de taureaux et de boucs est impuissant à enlever les péchés et à transformer intérieurement l'homme. C'est pourquoi, en entrant dans le monde, le Christ dit : « Tu n'as voulu ni sacrifices, ni oblations, mais Tu m'as formé un Corps. Tu n'as agréé ni holocaustes, ni sacrifices pour les péchés. Alors, j'ai dit : Voici je viens, car c'est de moi qu'il est question dans le rouleau du Livre, pour faire, ô Dieu, ta volonté » (He 10, 4-7). La passion du Christ a été un acte de médiation sacerdotale, qui nous a ouvert un chemin nouveau et vivant, inauguré pour nous, à travers le voile, c'est-à-dire la chair du Christ. Jésus-Christ est le véritable prêtre souverain, établi à la Tête de la Maison de Dieu (He 10, 21). Ainsi, Il nous donne accès auprès de Dieu, le cœur purifié de ce qui souille notre conscience et le corps lavé par une eau pure. Le secret de cet acte de médiation a été l'union parfaite, dans le cœur du Christ, de deux fidélités : la fidélité à Dieu dans l'obéissance filiale à la volonté divine et la fidélité aux hommes dans la solidarité fraternelle.

Avant le Christ, on se préoccupait, certes, de la sainteté des prêtres, mais on ne pouvait assurer qu'une sainteté extérieure (He 9, 13), un rituel minutieux (oblations, onctions, vêtements spéciaux) séparait matériellement le prêtre du monde profane et le consacrait symboliquement à Dieu. Ainsi s'exprimait le souci de se rendre agréable et digne de Dieu. Mais que peuvent des cérémonies, que peuvent des actes purement rituels et essentiellement extérieurs, que peuvent des ornements sacrés, si le cœur de l'homme demeure souillé et profondément abîmé par le péché ? C'est au plus profond de lui-même que le prêtre doit se trouver réellement accordé à Dieu.

Cette exigence radicale trouve en Jésus-Christ, et en Lui seul, sa pleine réalisation. La sainteté du Christ n'a rien à voir avec un vêtement de cérémonie destiné à masquer les misères morales et l'indignité personnelle du prêtre. La sainteté du Christ est une sainteté intérieure, qui jaillit en lui comme la source même de son être, le remplit tout entier et se répand autour de lui avec une force impétueuse. Il peut sanctifier le peuple par son propre sang (He 13, 12 ; 9, 14). C'est la sainteté du Fils unique qui adhère parfaitement à la volonté de Dieu, son Père (He 10, 7), et que le Père peut désigner comme le « Fils bien-aimé [qui a] toute [sa] faveur » (Mc 1, 11). Et pour qu'on ne puisse pas se méprendre, l'auteur de l'Épître aux Hébreux ajoute deux épithètes, qui excluent le mal et la souillure. Le parfait Grand Prêtre est innocent et immaculé. Son innocence rappelle ce qui a déjà été dit de Jésus : « Car nous n'avons pas un Grand Prêtre impuissant à compatir à nos faiblesses, lui qui a été éprouvé en tout, d'une manière semblable, à l'exception du péché » (He 4, 15). Le sacrifice, au sens propre du terme, est toujours une action divine, et non une œuvre humaine. C'est une intervention transformante de Dieu. L'homme peut présenter quelque chose à Dieu, mais il lui est impossible de sanctifier ce qu'il apporte. Dieu seul, source de toute sainteté, est en mesure de sanctifier l'offrande et d'en faire un sacrifice. L'Ancien Testament avait parfaitement compris cet aspect de la situation. C'est pourquoi il soulignait le rôle du feu du ciel dans la réalisation des sacrifices (1 R 18, 36-39). Nous avons en mémoire Élie et le sacrifice du Carmel (Jg 6, 19-23).

Ainsi le culte sacerdotal s'effectuait grâce à une flamme jaillie de devant Yahvé et qui consumait sur l'autel les victimes offertes (Lv 9, 24). Le feu sacré avait ensuite été constamment entretenu sur l'autel (Lv 6, 5-6).

L'auteur de l'Épître aux Hébreux va approfondir cette intuition et en montrer l'accomplissement dans la Passion du Christ. Ce n'est plus au moyen d'une flamme matérielle que le Christ s'est offert en sacrifice, mais grâce à l'Esprit éternel (He 9, 14). Le vrai feu divin, en effet, n'est autre que l'Esprit-Saint, seul capable de réaliser l'authentique transformation sacrificielle. C'est exactement ce que nous demandons à l'Épiclèse durant le Sacrifice de la Messe. Lorsque le prêtre demande l'envoi de l'Esprit-Saint en vue de la consécration, il dit : « C'est pourquoi nous te supplions de consacrer toi-même les offrandes que nous apportons. Sanctifie-les par ton Esprit pour qu'elles deviennent le Corps et le Sang de ton Fils Jésus-Christ Notre-Seigneur qui nous a dit de célébrer ce mystère[1]. » Nous demandons l'effusion de la Puissance du Saint-Esprit sur les offrandes. C'est lui, en effet, qui réalisa l'incarnation dans le sein de la Vierge Marie, c'est lui qui est descendu sur Jésus lors du baptême

1. Prière eucharistique III.

dans le Jourdain sous forme d'une colombe (Mt 3, 16). C'est aussi l'Esprit-Saint qui le conduit au désert pour être tenté par Satan (cf. Mt 4, 1). Il est donc important et indispensable de lui demander de réaliser la Présence de Jésus sous les espèces du pain et du vin eucharistiques. Nous l'invoquons pour qu'il vienne les sanctifier et les consacrer afin qu'ils deviennent le corps et le sang de Jésus-Christ, Notre-Seigneur. Et après la consécration, nous l'invoquons de nouveau pour qu'Il fasse de nous une éternelle offrande à la gloire de Dieu. Sans l'Esprit éternel, que sommes-nous capables de faire ? Absolument rien. C'est lui qui nous inspire la plus totale adhésion au dessein d'Amour de Dieu, le Père, ainsi que la complète solidarité entre nous, en formant un seul corps et un seul esprit dans le Christ. Le feu du Ciel dont parlaient les traditions bibliques antérieures ne faisaient que le symboliser.

L'évocation du sacrifice du Christ dans l'Épître aux Hébreux nous fait revenir en mémoire l'heure la plus tragique de Jésus, au jardin des Oliviers, et nous rappelle ces moments d'angoisse de sa Passion et de sa mort imminente. À cette heure de grande souffrance et de solitude, il prie et supplie Celui qui pouvait le sauver de la mort : « Mon Père, s'il est possible, que cette coupe passe loin de moi ! Cependant, non pas comme je veux, mais comme tu veux » (Mt 26, 39). Sa prière est cependant tout imprégnée « d'un profond respect » (He 5, 7). Ce profond respect lui vaut d'être exaucé, mais l'exaucement s'effectue à travers un douloureux apprentissage de l'obéissance : « Il apprit, de ce qu'il souffrit, l'obéissance » (He 5, 8). Sa prière et ses supplications sont insistantes. « À nouveau, pour la deuxième fois, il s'en alla prier : « Mon Père, dit-il, si cette coupe ne peut passer sans que je la boive, que ta volonté soit faite » (Mt 26, 42).

Saint Paul, de son côté, souligne que Jésus s'est dépouillé de ce qu'il était, dans un acte de liberté et d'amour. Il renonce à l'exercice d'un privilège de gloire qu'il avait reçu du Père avant le commencement du monde, sans renoncer pour autant à sa divinité. Le Christ passe en effet de la condition de Dieu à la condition d'esclave pour devenir semblable aux hommes.

« Le point le plus stupéfiant, commente le père Albert Vanhoye, du mystère de l'incarnation est précisément celui-là : le Christ a assumé une nature semblable à la nôtre, une chair semblable à celle du péché (cf. Rm 8, 3), une nature humaine qui avait besoin d'être radicalement transformée, pour pouvoir entrer dans l'intimité céleste de Dieu. La déformation causée par la désobéissance devait être corrigée par une surabondance d'obéissance. Le prédicateur n'hésite pas à affirmer que le Christ "apprit par ses souffrances l'obéissance" (He 5, 8). Comment comprendre cette affirmation déconcertante ? Le Christ aurait-il été, ne fût-ce qu'un instant indocile ? Assurément non ! Il n'a jamais péché (cf. He 4, 15 ; Jn 8, 46 ; 1 P 1, 19). Dès le début de son existence terrestre, il s'est orienté dans le sens d'une parfaite docilité à la volonté de Dieu (He 10, 5-9). Mais il y a lieu, justement, de faire une distinction entre une disposition de principe à la docilité et, d'autre part, le résultat opéré dans l'être humain par une docilité effective à travers les souffrances et la mort.

« Pensons-y bien : c'est seulement grâce aux épreuves de l'existence que la docilité envers Dieu peut pénétrer toutes les fibres de notre nature humaine. C'est pourquoi la souffrance accueillie et offerte avec joie et sérénité est une grande école, une éducatrice et en même temps une preuve de l'Amour que nous avons pour Dieu. Le Christ a accepté cette exigence douloureuse. Ajoutons que son obéissance a été surabondance, car par adhésion au dessein d'amour de son Père, il s'est soumis à un sort qu'il ne méritait absolument pas, un sort tragiquement injuste, celui de l'innocent mis au rang des plus coupables et condamné à un supplice infamant (cf. Lc 22, 37 ; 1 Pi 2, 22-24). C'est de cette façon-là que le Christ a été consacré Grand Prêtre. On ne peut imaginer une solidarité plus étroite avec la misère humaine. Le Christ crucifié a vraiment été rempli de faiblesse (He 5, 2 ; cf. 2 Co 13, 14). De ce fait, sa médiation sacerdotale est en mesure d'atteindre tous les êtres humains jusqu'aux plus malheureux et aux plus coupables. La perfection qu'il a obtenue par la manière dont il a affronté ses souffrances et sa mort, c'est pour notre nature humaine qu'il l'a obtenue. Il peut donc la communiquer à tous ceux qui adhèrent à Lui[1]. »

Jésus ne revendique pas d'être traité d'une manière divine. Il révèle ainsi la profondeur de son abaissement et de son dépouillement. De sa condition de Dieu, il ne garde que ce lien qui l'unit à Dieu dans l'amour, son être de Fils : ce n'est donc pas dans l'incarnation

1. É. Cothenet, M. Morgen et A. Vanhoye, *Les Dernières Épîtres : Hébreux, Jacques, Pierre, Jean, Jude*, Paris, Bayard, 1977.

ni même dans la mort sur la Croix qu'il a acquis le droit d'être l'égal de Dieu. Il l'est depuis toujours. S'il revêt notre humanité et s'il est homme à part entière, c'est par amour pour le Père et par amour pour les hommes.

En son Incarnation, la condition divine n'apparaît pas telle que nous l'imaginons, ou plutôt paraît telle qu'elle est dans l'humilité de Celui qui est capable d'aimer au point de se dépouiller de soi. Le Christ préfère les autres, c'est-à-dire les hommes, même si cette préférence se révèle douloureuse et coûteuse, en raison de la préférence qu'il a pour le Père, lequel aussi, par Lui et en Lui, veut se donner à nous.

Le point extrême de cet abaissement est atteint dans la mort sur la Croix. « Il s'humilia plus encore, obéissant jusqu'à la mort, et à la mort sur une croix » (Ph 2, 8). L'humilité devient humiliation. Elle conduit le Christ à accepter ce type de mort : supplice d'esclaves pour le monde gréco-romain, et symbole de malédiction pour le monde juif. La Croix constitue donc l'abîme de l'abaissement et en même temps l'expression suprême et le sommet de l'amour. Ce n'est pas la mort « pour nous » qui est explicitée ici, mais la forme suprême que prend la kénose du Fils de Dieu. Le Christ est tellement livré au Père qu'il doit aller jusqu'à la Croix pour exprimer l'abîme d'amour qu'il a pour le Père, et pour nous les hommes. L'abaissement du Christ n'est donc pas un simple comportement d'obéissance et d'humilité. C'est un acte de perte de soi par lequel le Fils éprouve et montre qu'il se livre entièrement et au Père et à l'humanité, et que, en

Lui et par Lui, le Père révèle combien il se donne et se livre à nous.

Ainsi l'offrande suppliante du Christ a été exaucée. La prière, les supplications et les larmes ont obtenu la transformation sacrificielle opérée par l'Esprit de Dieu. Cette transformation s'est réalisée à travers la souffrance et la mort. L'événement de la Passion de Jésus est ainsi présenté comme une offrande sacerdotale. Une prière intense, présentée à Dieu avec un profond respect, constitue à la fois une demande et une offrande. En effet, celui qui prie s'offre lui-même à Dieu en vue de l'exaucement. Il permet à Dieu d'intervenir dans son existence concrète et réelle, et de transformer profondément et radicalement son être. Bien plus, celui qui prie appelle de tout son cœur son intervention divine, il aspire du plus profond de son être à cette transformation. Le Christ qui s'est offert dans la prière à l'action de Dieu et qui a accueilli celle-ci dans l'obéissance a été « rendu parfait », et du même coup consacré Grand Prêtre.

Nous-mêmes, nous ne devenons vraiment prêtres qu'en portant chaque jour la croix de notre fidélité à nos engagements sacerdotaux. Nous ne devenons prêtres qu'en mourant chaque jour avec le Christ. Il n'y a pas de véritable sacerdoce sans croix.

Ainsi au cours de sa Passion, le Christ a scellé dans son propre sang sa solidarité avec les hommes. Il les aima jusqu'au bout et s'est livré pour eux, s'offrant à Dieu en sacrifice d'agréable odeur (cf. Jn 13, 1 ; Ep 5, 2). À l'issue de sa Passion, Jésus est plus que jamais leur frère. Il s'est fait en tout semblable à eux.

« Car le sanctificateur et les sanctifiés ont tous une même origine. C'est pourquoi il ne rougit pas de les nommer frères » (He 2, 11). Il est en mesure de les comprendre et de les aider (He 4, 15-16). Mais il ne faudrait pas oublier d'ajouter qu'il s'est fait semblable à nous en tout point, excepté le péché. Il nous faut donc nous opposer à l'illusion de ceux qui penseraient que la complicité dans le mal – sous prétexte d'attitude de miséricorde et de compréhension ou d'accompagnement pastoral – est nécessaire pour une entière solidarité avec les pécheurs. C'est le contraire qui est vrai. Loin d'être un facteur de solidarité authentique ou d'accueil, la complicité dans le mal ou le fait de banaliser et de minimiser des péchés graves ne fait que miner la solidarité et augmenter leurs ravages dans le monde.

Ce qui donne à la Passion du Christ toute sa fécondité, c'est évidemment la perfection d'Amour avec laquelle il l'a affrontée, sans jamais céder à aucune impulsion mauvaise (He 9, 14 ; 1 P 2, 21-25). La Passion du Christ a porté à leur perfection la relation du Christ avec les hommes et sa relation avec Dieu. De tout l'élan de son être, Jésus s'est orienté vers Dieu de qui il a imploré une intervention décisive, et il a poussé à l'extrême son adhésion à la volonté de Dieu (He 5, 8 ; 10, 9). À l'issue de sa Passion, il est plus que jamais Fils de Dieu. En effet, sa relation filiale avec le Père s'épanouit alors jusque dans son humanité transformée. Ce qui était auparavant « condition d'esclave » (Ph 2, 7) et « chair semblable à celle du péché et en vue du péché » (Rm 8, 3) est devenu le corps glorifié du Christ, « établi selon l'Esprit-Saint,

Fils de Dieu avec puissance, du fait de sa résurrection d'entre les morts » (Rm 1, 4).

Ce qui est remarquable dans ce double aspect de la consécration du Christ, c'est que les deux relations – avec les hommes et avec Dieu – s'y sont conditionnées réciproquement, ou pour mieux dire, se sont fondues l'une dans l'autre et sont devenues inséparables. On pense souvent qu'on ne peut se mettre du côté de Dieu qu'en se détachant complètement des hommes, si peu dignes d'attention, ou que celui qui veut réaliser une œuvre importante au profit des hommes se trouve, de ce fait même, en opposition avec Dieu, comme s'il était obligé de mettre Dieu entre parenthèses. L'existence de Jésus s'inscrit en faux contre ces deux illusions. C'est en effet sa parfaite docilité envers le Père qui a amené Jésus à se faire le libérateur des hommes (He 2, 10-18 ; 5, 7-10). L'Amour miséricordieux, qui l'a poussé au don total pour enlever les péchés du monde, n'a pas d'autre source que le cœur du Père. L'aspect sacerdotal de la perfection du Christ est dû précisément à l'union étroite des deux relations dans son humanité ressuscitée. Le Christ est prêtre parfait, parce qu'il a la capacité de nous mettre en communion avec Dieu et en communion entre nous.

Il ne fait pas l'un sans l'autre. Il nous révèle l'impossibilité de séparer les deux dimensions de l'amour, comme il est impossible de séparer la divinité de Jésus de son humanité. C'est ce que saint Jean essaie d'exprimer dans sa première Lettre : « Si quelqu'un dit : "J'aime Dieu" et qu'il déteste son frère, c'est un menteur ; celui qui n'aime pas son frère qu'il voit, ne saurait aimer Dieu qu'il ne voit pas. Oui, voilà le commandement que nous avons reçu de Lui : que celui qui aime Dieu aime aussi son frère » (1 Jn 4, 20-21). Vouloir la dimension verticale sans la dimension horizontale, c'est se vouer à l'échec. De même, vouloir la dimension horizontale de la communion humaine sans la dimension verticale de la relation avec Dieu, c'est vouloir couper le fleuve de sa source ou l'arbre de ses racines. Seule est valable l'union des deux dimensions. On la trouve dans la Croix de Jésus. Par la Croix, le Christ a atteint sa perfection sacerdotale, qui est perfection de relation. Le prêtre est un pont qui relie deux rives : Dieu et l'humanité.

Pape François : La chair sacerdotale du Christ

Ayant donc, frères, l'assurance voulue pour l'accès au sanctuaire par le sang de Jésus, par cette voie qu'il a inaugurée pour nous, nouvelle et vivante, à travers le voile – c'est-à-dire sa chair –, et un prêtre souverain à la tête de la maison de Dieu, approchons-nous avec un cœur sincère, dans la plénitude de la foi, les cœurs nettoyés de toutes les souillures d'une conscience mauvaise et le corps lavé d'une eau pure. Gardons indéfectible la confession de l'espérance, car celui qui a promis est fidèle, et faisons attention les uns aux autres pour nous stimuler dans la charité et les œuvres bonnes ; ne désertez pas votre propre assemblée, comme quelques-uns ont coutume de le faire, mais encouragez-vous mutuellement, et d'autant plus que vous voyez approcher le Jour. […] Pour nous, nous ne sommes pas des hommes de dérobade, pour la perdition, mais des hommes de foi pour la sauvegarde de notre âme » (He 10, 19-25.39).

Ce texte peut nous servir d'introduction aux réflexions qui accompagneront notre prière. Il parle d'assurance, de cœur sincère, de plénitude de la foi, de fermeté dans l'espérance, d'impulsion de charité. Il nous est dit que cette valeur est due au sang de Jésus, à sa chair. La semaine durant laquelle nous célébrons la Pâque du Seigneur est le cadre le plus adapté pour contempler les mystères de sa Passion et de sa Résurrection, qui sont les mystères de sa chair outragée et glorifiée. Nous nous défendons du désordre du péché, de l'atomisation chaotique de notre conscience pécheresse, en nous réunissant, en famille, comme le faisaient les tribus nomades dans le désert avant Israël : le chaos demeure extérieur. La Pâque nous sauve du chaos. En son sein se trouve la chair de l'Agneau qui a été « immolé » (Ap 5, 9), qui nous nourrit (Jn 6) et nous assure la valeur (courage et constance), nous protégeant de la lâcheté, fruit du chaos du péché.

Dans ses Exercices spirituels, *saint Ignace, méditant sur le mystère de la Passion, nous incite à demander « la tristesse, la douleur et la confusion, puisque c'est pour mes péchés que le Seigneur va à sa Passion » (*ES *193), et aussi « c'est la douleur avec Jésus-Christ dans la douleur ; le brisement de l'âme avec Jésus-Christ brisé dans son âme et dans son corps ; des larmes, et le sentiment intérieur de tant de maux que Jésus-Christ a soufferts pour moi » (*ES *203). Cela nous porte à considérer « ce que Jésus-Christ, notre*

*Seigneur, souffre ou désire souffrir en son humanité. Ici, je commencerai à réunir toutes les forces de mon âme pour m'exciter à la douleur, à la tristesse et aux larmes » (*ES *195). Et cela nous fait également réfléchir sur le fait que « la divinité reste cachée durant toute la Passion du Sauveur. Elle pourrait détruire ses ennemis, et elle ne le fait pas ; et elle abandonne aux plus cruels tourments la très sainte Humanité qui lui est unie » (*ES *196). Saint Ignace, comme sainte Thérèse, comprend que la seule voie d'accès sûre à la divinité est la très sainte humanité de Notre-Seigneur. [...] Et, s'agissant de la Passion, nous devons pénétrer cette humanité, cet homme Jésus qui est Dieu, mais qui souffre comme homme, dans son propre corps, dans sa propre psyché. Et cela n'est pas un récit folklorique, mais bien l'histoire réelle, l'unique chemin à suivre, tangible, par lequel nous devons tous passer pour contempler le Père qui se révèle avec le Fils. Nous contemplerons la Passion dans la chair de Jésus, dans notre chair. Il n'y a pas d'autre chemin si nous voulons vraiment professer que Jésus est vivant, ressuscité dans sa propre chair, avec ses plaies ouvertes et la transcendance du visage du Père. En contemplant la « Passion », nous contemplerons la manière dont le Seigneur a fait preuve de patience. Nous, ses disciples, nous devons comprendre ce qui signifie pâtir et prendre patience, ce que cela implique, afin de mieux le connaître et de mieux l'aimer, pour mieux l'imiter.*

Dieu prépare son Fils en le rendant « parfait par des souffrances » (He 2, 10) ; il participe à la chair et au sang pour anéantir, à travers sa mort, le seigneur de la mort, c'est-à-dire le diable, et libérer ceux qui, par peur de la mort, étaient soumis à l'esclavage pendant toute leur vie (He 2, 14 sqq.*). « Nous le voyons couronné de gloire et d'honneur, parce qu'il a souffert la mort : il fallait que, par la grâce de Dieu, au bénéfice de tout homme, il goûtât la mort » (He 2, 9). « Tu es digne de prendre le livre et d'en ouvrir les sceaux, car tu fus égorgé et tu rachetas pour Dieu, au prix de ton sang, des hommes de toute race, langue, peuple et nation ; tu as fait d'eux pour notre Dieu une Royauté de Prêtres régnant sur la terre » (Ap 5, 9-10). « Digne est l'Agneau égorgé de recevoir la puissance, la richesse, la sagesse, la force, l'honneur, la gloire et la louange » (Ap 5, 12).*

Pour nous sauver, Jésus prend patience. Je voudrais souligner certains des aspects de ce « prendre patience », en particulier sa dimension sacerdotale.

Ainsi Jésus « prend patience » avec sa chair, dans sa chair. Et à travers elle, il est institué prêtre. « En conséquence, il a dû devenir en tout semblable à ses frères, afin de devenir dans leurs rapports avec Dieu un grand prêtre miséricordieux et fidèle, pour expier les péchés du peuple. Car du fait qu'il a lui-même souffert par l'épreuve, il est capable de venir en aide à ceux qui sont éprouvés » (He 2, 17-18). Dans son anéantissement total, dans l'acceptation de son propre échec, il a offert pour les péchés un sacrifice unique (He 10, 12) et il ne l'a pas célébré par des paroles, mais avec sa chair et son sang : « Le Christ, lui, survenu comme un grand prêtre des biens à venir, traversant la tente plus grande et plus parfaite qui n'est pas faite de main d'homme, c'est-à-dire qui n'est pas de cette création, entra une fois pour toutes dans le sanctuaire, non pas avec du sang de boucs et de jeunes taureaux, mais avec son propre sang, nous ayant acquis une rédemption éternelle. Si en effet du sang de boucs et de taureaux et de la cendre de génisse, dont on asperge ceux qui sont souillés, les sanctifient en leur procurant la pureté de la chair, combien plus le sang du Christ, qui par un Esprit éternel s'est offert lui-même sans tache à Dieu, purifiera-t-il notre conscience des œuvres mortes pour que nous rendions un culte au Dieu vivant » (He 9, 11-14). « Oui, tel est précisément le grand prêtre qu'il nous fallait, saint, innocent, immaculé, séparé désormais des pécheurs, élevé plus haut que les cieux, qui ne soit pas journellement dans la nécessité, comme les grands prêtres, d'offrir des victimes d'abord pour ses propres péchés, ensuite pour ceux du peuple, car ceci il l'a fait une fois pour toutes en s'offrant lui-même. [...] [Il est le] Fils rendu parfait pour l'éternité » (He 7, 26-28). Nous nous sommes approchés de ce prêtre, médiateur d'une nouvelle alliance, et de la projection purificatrice d'un sang qui parle mieux que celui d'Abel.

Le sacerdoce du Christ s'exerce en trois temps : dans le sacrifice de la Croix (et ce sens il a été « une fois pour toutes ») ; actuellement (en tant qu'intercesseur auprès du père, He 7, 25) ; et à la fin des temps (« hors du péché », He 9, 28), quand le Christ confiera toute la création au Père. Au cours du second temps, l'actuel, Jésus-Christ exerce l'intercession sacerdotale pour nous : « Mais lui, du fait qu'il demeure pour l'éternité, il a un sacerdoce immuable. D'où il suit qu'il est capable de sauver de façon définitive ceux qui par lui s'avancent vers Dieu, étant toujours vivant pour intercéder en leur faveur » (He 7, 24-25). Jésus-Christ est vivant et il intercède avec sa plénitude d'homme et de Dieu :

« Ayant donc un grand prêtre souverain qui a traversé les cieux, Jésus-Christ, le Fils de Dieu, tenons ferme la profession de foi. Car nous n'avons pas un grand prêtre impuissant à compatir à nos faiblesses, lui qui a été éprouvé en tout, d'une manière semblable, à l'exception du péché » (He 4, 14-15). À travers les mystères de la Résurrection, Jésus, déjà établi comme Seigneur, montre son corps, nous laisse toucher ses plaies, sa chair (Jn 20, 20.27 ; Lc 24, 39-42). Ce corps, ces plaies, cette chair sont intercession. Et même : il n'y a pas d'autre voie d'accès au Père si ce n'est celle-là. Le Père voit la chair du Fils et la fait accéder au salut. [...] Nous trouvons le Père dans les plaies du Christ. Il est vivant, ainsi, dans sa chair glorieuse, et il est vivant en nous.

Participer à sa chair, prendre patience avec Lui dans sa Passion pour participer aussi à sa glorification : c'est le concept clé de l'Épître aux Hébreux : « Nous avons un autel dont les desservants de la Tente n'ont pas le droit de se nourrir » (He 13, 10). Cet autel est le Christ, son corps suspendu à la Croix[1] .

Méditation

Chers confrères évêques et prêtres, puisque nous avons le privilège et la grâce de partager le sacerdoce du Christ, et puisque nous aspirons à nous configurer au Christ, laissons-nous transformer par la flamme de l'Esprit de Dieu. Qu'il fasse que nous soyons

1. Pape François, *Notre chair en prière*, traduit de l'espagnol par Chrystèle Francillon, Parole et Silence, 2017.

toujours semblables à son Fils. Que, communiant à ses souffrances, selon le mot de saint Paul, nous lui devenions conformes dans sa mort.

Aussi, comme nous y exhorte saint Grégoire de Nazianze : « Offrons en sacrifice, non pas de jeunes taureaux ni des agneaux portant cornes et sabots – offrandes mortes et insensibles ; offrons à Dieu un sacrifice de louange sur l'autel céleste, en union avec les chœurs du ciel. Ce que je vais dire va plus loin : c'est nous-mêmes que nous devons offrir à Dieu en sacrifice ; offrons-lui chaque jour toute notre activité. Acceptons tout pour le Christ ; par nos souffrances, imitons sa Passion ; par notre sang honorons son sang ; montons vers la Croix avec ferveur.

« Si tu es Simon de Cyrène, prends la Croix et suis-le. Si tu es crucifié avec Lui comme le malfaiteur, reconnais, comme cet homme juste, qu'il est Dieu. Si lui-même a été compté parmi les pécheurs à cause de toi et de ton péché, toi, deviens un homme juste à cause de Lui. En te crucifiant, adore celui qui a été crucifié à cause de toi, et tire quelque profit de ta méchanceté même ; achète le salut au prix de la mort ; entre au Paradis avec Jésus, pour comprendre de quels biens tu étais exclu. Contemple les merveilles qui sont là, et laisse mourir au-dehors, avec ses blasphèmes, celui qui l'injuriait. Si tu es Joseph d'Arimathie, réclame le corps à celui qui l'a fait mettre en croix : que ton souci soit le rachat du monde. Si tu es Nicodème, cet adorateur nocturne de Dieu, mets-Le au tombeau avec les parfums. Si tu es une des saintes femmes, l'une ou l'autre Marie, si tu es Salomé ou Jeanne, va le pleurer de grand matin. Sois la première à voir la pierre enlevée, à voir peut-être les anges, et Jésus Lui-même[1]. »

À ce point de notre réflexion, il convient de souligner à nouveau une chose : l'identité du prêtre consiste à prolonger sacramentellement la présence du Bon Pasteur au milieu du troupeau. Il apparaît alors clairement que chaque prêtre doit être identifié au Bon Pasteur non seulement par le caractère sacramentel de son existence, mais encore par toute sa vie. La tentation pourrait être d'imiter matériellement la vie de Jésus et de croire qu'un prêtre doit d'abord être un prédicateur itinérant, un thaumaturge, un maître spirituel. Le Pape François dans ce texte bouleversant nous invite au contraire à une identification bien plus profonde. Il nous invite non pas à « faire » mais à « pâtir ». Jésus est prêtre par sa Passion, par sa capacité d'accepter héroïquement la souffrance et les échecs humains, et de mourir par amour de la vérité. Et il nous a été donné la faveur non pas seulement de croire au Christ, mais encore de souffrir pour Lui (cf. Ph 1, 29).

On attend souvent du prêtre qu'il agisse, qu'il prenne des initiatives, qu'il organise, qu'il soit un leader social et un excellent *manager*. On voudrait qu'il soit un chef d'entreprise. Le Pape François nous invite à changer notre regard. Il rappelle qu'être prêtre consiste d'abord à souffrir, à pâtir avec le Christ. Être prêtre revient à s'identifier à la Passion du Christ, à la

1. Saint Grégoire de Nazianze, *Homélie pour la Pâque*, in *La Liturgie des Heures* t. 2, *op. cit.*

prolonger chaque jour. Être prêtre, c'est dire comme saint Paul : « Je porte dans mon corps les marques de Jésus » (Ga 6, 17).

Dans un monde uniquement centré sur les aspects matériels de la vie et le succès technique, économique et politique, que peut Dieu, sinon souffrir, surtout si l'homme engage, dans un égoïsme conscient et entêté, le fond de soi ? Dans un monde d'ingratitude, d'indifférence ou même d'hostilité manifeste à Dieu, dans une société qui insulte constamment Dieu par la violation consciemment voulue de ses lois, comment le prêtre pourrait-il se dérober à la souffrance ? Le prêtre est appelé à être cloué sur la Croix avec le Christ, pour que ce ne soit plus lui qui vive, mais le Christ qui vive en lui. Chaque fois qu'il célèbre la messe, il commémore le Sacrifice de Jésus sur le Golgotha. Il le renouvelle par la puissance de l'Esprit-Saint. Et à ce moment, il est comme saisi par la puissance de l'Esprit-Saint, et les paroles qu'il prononce revêtent l'efficacité même de celles qui sortirent de la bouche du Christ pendant la dernière Cène. Et dans un profond désir de totale identification au Christ, il doit pouvoir dire comme saint Bernard : « Je suis cloué sur la Croix avec le Christ, mon flanc contre son flanc, mes mains contre ses mains, mes pieds contre ses pieds, les mêmes clous le traversant et me traversant, nos sangs se mêlant en un seul sang. » Le Christ crucifié est réellement présent en chaque prêtre. Je pense spécialement aux prêtres malades ou handicapés cloués sur leur lit d'hôpital ou à la maison, complétant ainsi dans leur chair ce qui mande aux épreuves du Christ pour son Corps, qui est l'Église (cf. Col 1, 23). Et même si sa maladie le rend incapable de célébrer la Sainte Messe, c'est réellement en ce moment qu'il célèbre pleinement le Saint Sacrifice, en offrant avec joie ses souffrances et en mêlant ses épreuves et son agonie à celles du Christ. Son lit de malade devient l'autel du Sacrifice.

Mais comme nous venons à peine de le souligner en faisant mention des prêtres malades, il ne faudrait pas réduire la présence de la passion à l'accomplissement rituel de son renouvellement. Toute la vie du prêtre est présence de la passion, présence de la chair sacerdotale et offerte du Christ-prêtre pour reprendre les mots du Pape François. La vie sacerdotale doit tout entière avoir une forme sacrificielle, disait saint Jean-Paul II. Il importe donc que nous renouvelions profondément notre regard sur la vie des prêtres à cette lumière. Un prêtre malade et alité n'est pas inutile et inefficace, s'il vit en sa chair la passion, il est pleinement et totalement prêtre. Au contraire, un prêtre agité qui ne cherche que le succès humain et l'admiration du public mondain risque fort d'être inutile. Cela ne signifie pas que les prêtres doivent renoncer au zèle et à l'inventivité missionnaire, bien au contraire ! Cela nous indique plutôt que chaque acte du prêtre, chacune de ses initiatives, doit être mené avec au cœur une profonde union à la Passion de Jésus.

Le prêtre doit sans cesse s'offrir avec le Christ. Chaque fois qu'il met en place un projet, son cœur doit chanter intérieurement les paroles de Jésus : « Non pas ce que je veux mais ce que tu veux. » Ainsi, le succès et l'échec humain ne sont pas ses critères ultimes de jugement. Il n'agit pas en propriétaire de ses actes mais en les offrant, en étant prêt sans cesse à être dépossédé de ce qu'il fait, de ce qu'il a, de ce qu'il est.

Tant que le peuple de Dieu attendra des prêtres couverts de gloire humaine et de réussite sociale, il faudra s'attendre à des abus d'autorité, à des chutes retentissantes et surtout à un éloignement et à une déformation mortelle du sacerdoce du Christ. Nous devons attendre des prêtres qu'ils soient identifiés au Christ en croix. Le Christ n'était pas acclamé sur le chemin du Golgotha, il n'était pas applaudi mais couvert de crachats et d'injures. Un prêtre acclamé doit s'inquiéter, un prêtre populaire doit se remettre en cause. Si la prédication de la Parole de Dieu ne nous conduit pas à la passion, peut-être est-ce parce que nous prêchons trop timidement, peureux d'annoncer Jésus-Christ dans la pleine fidélité à la Parole de Dieu et à la Tradition, ou que nous sommes pris par le souci de plaire et sommes compromis avec l'esprit du monde. Comme affirme saint Jean-Paul II : « Selon saint Paul, [être prêtres,] cela signifie surtout être "intendants des Mystères de Dieu". "Qu'on nous regarde donc comme des serviteurs du Christ et des intendants des Mystères de Dieu. Or, ce qu'en fin de compte on demande à des intendants, c'est que chacun soit trouvé fidèle" (1 Co 4, 1-2). Le mot "intendant" ne peut être remplacé par aucun autre. Il a des racines profondes dans l'Évangile. Qu'on se rappelle la parabole de l'intendant fidèle et de l'intendant infidèle (cf. Lc 12, 41-48). L'intendant n'est pas le propriétaire, mais celui à qui le propriétaire confie ses biens, afin qu'il les gère de manière juste, responsable et pour la grande joie du propriétaire. C'est bien ainsi que le prêtre reçoit du Christ les biens du salut, pour les distribuer comme il convient aux personnes à qui il est envoyé. [...] Personne ne peut ni ne doit se considérer comme propriétaire de ces biens. Nous en sommes tous les bénéficiaires. Donc en vertu de ce que le Christ a institué, le prêtre a le devoir d'en être l'intendant[1]. » Ainsi, autant Jésus n'enseignait pas Sa doctrine, mais celle de Celui qui l'a envoyé, autant le prêtre ne doit pas chercher le succès mondain ou enseigner ses opinions pour plaire aux hommes, mais uniquement l'Évangile et la doctrine de Jésus-Christ (cf. Jn 7, 16-18).

Faudrait-il pour autant rechercher l'échec ? Certainement pas. Il revient au prêtre de se former, d'étudier constamment, d'être un « *theodidactos* », un « élève de Dieu », d'approfondir sa relation personnelle à notre Seigneur, de se remettre en cause, de s'améliorer pour être plus efficace. Mais il doit savoir intérieurement que jamais la grâce ne sera le fruit d'une technique, que toujours elle s'écoule du cœur ouvert de Jésus à la Croix.

Un prêtre qui n'a pas le cœur brisé et ouvert aura beau maîtriser toutes les techniques de prédication et de *management*, son œuvre restera stérile. Les prêtres doivent être compétents en théologie, en prédication, en techniques pastorales, mais leur compétence doit être irriguée et animée par la vie de la grâce, sous peine d'être stérilisée.

---

1. Jean-Paul II, *Ma Vocation : Don et Mystère*, Parole et Silence, 2013.

XIII

Former une âme de prêtre

À partir d'une méditation de Pie XII

Introduction

La formation des prêtres est un enjeu capital. Elle relève avant tout de la responsabilité de l'évêque diocésain. Chaque évêque devrait avoir la liberté d'ouvrir pour son diocèse un véritable séminaire. Je sais qu'il est aujourd'hui courant de remettre en cause le modèle classique du séminaire. On favorise parfois les formations dans les structures universitaires. Mais cela convient-il à un futur prêtre ? Un séminariste n'est pas seulement un étudiant. Il n'a pas uniquement à accumuler des connaissances philosophiques et théologiques. Un prêtre n'est pas d'abord un professeur mais un ministre du Christ. On n'attend pas seulement de lui qu'il soit un savant. Il est important que son âme, sa pensée, tout son être soit formé, modelé par le Christ-prêtre. Pour cela, il est nécessaire qu'il fasse l'expérience d'une forme de vie sacerdotale. Celle-ci comporte certains éléments essentiels : la vie de prière personnelle et commune, une forme de retrait et de distance vis-à-vis du monde et de l'agitation médiatique, une vie fraternelle de charité dans l'obéissance à l'évêque ou à son représentant.

Ces éléments dessinent la figure de ce que Hans Urs von Balthasar appelait un séminaire « tridentin ». On voit trop de séminaires qui ne sont que des maisons pour étudiants immatures et solitaires. Au contraire, un séminaire doit être le lieu de l'apprentissage de la plénitude de la vie sacerdotale. Or celle-ci n'est pas d'abord caractérisée par l'activisme nerveux et débridé. La vie sacerdotale est d'abord une vie d'intercession avec le Christ-prêtre. Dans les séminaires, l'élément majeur de la formation est donc la vie intérieure. On devrait y voir des liturgies soignées. La messe quotidienne et le chant de l'Office en commun sont les éléments structurants de la formation d'une âme sacerdotale. C'est au pied de l'autel, dans la répétition quotidienne des psaumes, que se forge l'identité du ministre du Christ. C'est en s'unissant chaque jour au renouvellement sacramentel du sacrifice de la Croix sur l'autel que l'âme épouse peu à peu les sentiments du cœur sacerdotal du Christ.

Pour entrer pleinement dans cette voie spirituelle, pour ouvrir son tempérament et toute sa nature au Christ, le séminariste devra acquérir l'équilibre humain des vertus. Je me souviens avec précision de l'insistance de Mgr Raymond-Marie Tchidimbo, alors archevêque de Conakry-Guinée, sur les qualités humaines et spirituelles, et surtout sur l'intégrité morale et la noblesse des sentiments des candidats au sacerdoce. Souvent, il venait nous rendre visite au petit séminaire de

Kindia. Et je l'entends encore tonner dans la salle : « Le premier cas de renvoi d'un séminariste, c'est la duplicité. Le second cas, la duplicité et le troisième, la duplicité. » Son langage raide, vigoureux et exigeant nous effrayait, mais il voulait nous faire comprendre qu'un homme appelé à la prêtrise doit être viril, droit, vrai et intègre. Mgr Tchidimbo considérait que la vérité, la fidélité, la droiture et l'honnêteté constituaient des vertus indispensables sur lesquelles un évêque ne pouvait transiger. Avant d'être prêtre, il faut être un homme, dit-on dans la tradition des formateurs de séminaires.

Deux éléments majeurs concourent à l'acquisition de cet équilibre des vertus morales. D'abord la vie commune et fraternelle. Chacun y apprend à accomplir sa part de travail pour le bien commun. On y apprend la justice et la miséricorde entre frères. On s'y exerce au pardon des offenses et à la vérité dans les relations amicales. Cette virilité morale, cette simplicité dans la vertu doit permettre de rompre avec l'image d'un clerc susceptible, paresseux et immature affectivement. Le prêtre doit être un homme équilibré. Pour être prêtre dans toute son âme, on doit d'abord être capable d'être un homme juste, généreux, équilibré et viril. Bien des problèmes de débordements affectifs et d'abus auraient été évités si les séminaires formaient à une réelle maturité émotionnelle vécue dans l'amitié et la franchise fraternelle. Le travail accompli en commun, y compris le travail manuel, y contribue grandement.

Le signe de cette maturité est souvent la capacité à obéir franchement et simplement. L'obéissance à l'évêque doit donc pouvoir être expérimentée concrètement au séminaire. Cela suppose que l'évêque se conduise véritablement comme le père de ses séminaristes et de ses prêtres. Il devrait pouvoir vivre avec eux, prier avec eux, les écouter et les conseiller. Quelle joie de voir un évêque entouré de ses séminaristes comme un père par ses enfants ! C'est ainsi que s'acquiert la confiance qui devra demeurer entre l'évêque et ses prêtres tout au long de leur vie. Combien de prêtres sont trop seuls ! Combien de prêtres vivent de profondes crises spirituelles sans la présence paternelle de leur évêque ! La paternité épiscopale ne peut plus être un vain mot réservé aux textes liturgiques. Elle doit devenir une réalité.

Discours de Pie XII aux séminaristes des Pouilles[1] *(extraits)*

Se préparer au sacerdoce signifie
se former une âme sacerdotale.

Le caractère sacramentel de l'Ordre scelle de la part de Dieu une alliance éternelle qui est comme la manifestation de son amour de prédilection, ce qui exige de la créature choisie une réponse d'amour qui s'exprime par la sainteté de sa vie et une adhésion totale à la

1. Pie XII avait préparé un discours à l'occasion de la célébration du cinquantième anniversaire de la fondation du séminaire régional des Pouilles. L'audience avait été fixée au dimanche 19 octobre 1958. Ce texte d'une limpidité, d'une profondeur spirituelle et d'une clarté exceptionnelle n'a jamais été prononcé, puisque le Pape Pie XII est mort dix jours avant le jour dit.

volonté du Père. Concrètement, on devient prêtre si on se forme une âme sacerdotale en engageant sans cesse toutes ses facultés et ses énergies spirituelles à conformer son âme au Christ éternel et Grand Prêtre. Il en est le modèle. Le travail d'éducation et de formation des séminaires doit être essentiellement orienté vers cette métamorphose spirituelle dont il ne faut pas cacher les difficultés ni étouffer les joies intérieures.

Le prêtre est avant tout ministre du Christ.

*Le séminariste acquerra une telle conception également de sa future activité, de « ministre du Christ » et de « dispensateur des mystères de Dieu » (1 Co 4, 1), de « collaborateur de Dieu » (*ibid. *3, 9). Le ministre sacré devra conditionner chacune de ses actions et œuvres. Il sera l'homme aux intentions saintes et droites, semblables à celles qui poussent Dieu à agir. Tout mélange d'intention personnelle qui proviendrait de la seule nature devra être considéré comme indigne du caractère sacré et comme une évasion. Si des activités déterminées lui apportent largement des satisfactions humaines, il en sera reconnaissant à Dieu, en les acceptant comme une aide, mais non une substitution, des saintes intentions. Mais sa principale action sera strictement sacerdotale, c'est-à-dire celle de médiateur des hommes en offrant à Dieu le sacrifice du Nouveau Testament, en dispensant les Sacrements et la parole divine, avec la récitation de l'office divin où il représente toute l'humanité et prie pour elle.*

Se préparer au sacerdoce signifie
devenir des instruments dans les mains de Dieu.

La bienveillance de Dieu est immense envers ceux qu'il choisit comme instruments de sa volonté de salut ! Dépositaire et dispensateur des moyens de salut, le prêtre ne peut en disposer de son propre arbitre, parce qu'il en est le « ministre », mais il maintient aussi pareillement intactes l'autonomie de sa personne, la liberté et la responsabilité de ses actes. Il est par conséquent un instrument conscient du Christ, qui, à la manière d'un sculpteur de génie, se sert de lui comme du ciseau pour modeler dans les âmes l'image divine. Malheur si l'instrument se refusait à suivre la main de l'artiste divin ; malheur s'il en déformait, à sa guise, le dessin ! L'œuvre se révélerait bien médiocre si l'instrument était inapte, par sa propre faute ! Le but des séminaires est précisément celui-ci : guider les jeunes séminaristes pour qu'ils deviennent des instruments du Christ parfaits, efficaces et dociles.

La nécessité d'une solide formation théologique.

Mais si la perfection et l'efficacité de l'instrument dépendent de Dieu, la docilité dépend de la volonté humaine. Un instrument indocile, rebelle entre les mains de l'artiste, est inutile et périlleux. C'est plutôt un instrument de perdition. Mais Dieu peut tout faire avec un instrument bien disposé, même imparfait. En revanche, il ne peut rien avec un instrument rebelle. La docilité signifie obéissance, et encore plus, « disponibilité entre les mains de Dieu » pour n'importe quelle œuvre, n'importe quel besoin, n'importe quel changement. La vraie disponibilité s'obtient par le détachement de ses vues personnelles, de ses propres intérêts et même des plus saintes entreprises. Ce détachement est fondé sur cette humble vérité enseignée par le Seigneur : « Quand vous aurez fait tout ce qui vous est commandé, dites : Nous sommes des serviteurs inutiles ! » (Lc, 17, 10). Ceci bien sûr n'implique pas, comme nous l'avons déjà remarqué, l'indifférence dans le travail imposé, ni l'absence de toute satisfaction légitime en voyant les résultats obtenus. La discipline que l'on vous impose au séminaire avec une affection toute paternelle n'a pas d'autre but que de vous éduquer pour rester parfaitement dociles envers le Christ et l'Église.

Se préparer à la persévérance.

Tout semble facile, chers séminaristes, en ces années de préparation dont vous garderez un doux souvenir et un peu de nostalgie. Votre enthousiasme actuel, les intentions droites qui vous animent, l'élan vers la perfection que vous recherchez, tout cela vous laisse présager un ministère sacerdotal fécond et tranquille dont la sérénité ne sera même pas troublée par la lutte contre les ennemis de Dieu. Nous vous le souhaitons de tout cœur ; mais nous ne devons pas passer sous silence la réalité. Jusqu'ici vous vous êtes préparés à souffrir les difficultés de chaque jour en vous exerçant à la vigilance et à la persévérance. Mais avec les années qui passent, les fatigues et les luttes qui se multiplient et l'amoindrissement naturel des forces physiques et psychiques, c'est tout à fait normal s'il survient en votre esprit quelque crise profonde qui semble submerger tout idéal et éteindre le zèle le plus enflammé. Dans des crises semblables, accompagnées parfois par le déchaînement imprévu des passions, on doit reconnaître l'oubli de la prudence la plus élémentaire et parfois l'oubli des devoirs les plus impérieux. Mais parfois aussi, et ce n'est pas rare, la crise s'élève comme un typhon imprévu sur une mer tranquille. Le rythme fébrile de la vie moderne qui empêche l'esprit de réfléchir, les mille embûches que l'on trouve sur son chemin de chaque jour, le trouble plus ou moins conscient des esprits, tout cela concourt à créer ces difficultés intérieures. [...] Nous vous encourageons, chers séminaristes, à vous exercer désormais à une telle éventualité en la prévoyant et en vous préparant. Avant tout, mesurez vos forces, mais en faisant entrer en une somme unique celles que Dieu vous donnera ; et faites tout pour les conserver intactes, pour les accroître, en adoptant les précautions et les ressources qui vous sont largement offertes par l'Église. Dans l'exercice de la persévérance, vous devez attendre beaucoup de la sage orientation des directeurs spirituels et, en outre, de la correction ininterrompue de vos mœurs, de l'ordre de vos horaires, de la modération dans l'entreprise et dans l'accomplissement des activités extérieures. C'est à une sublime dignité que Dieu vous appelle, et les secours salutaires à votre disposition sont nombreux et immédiats ; mais tout pourrait aboutir à une douloureuse désillusion, si vous ne vous appliquiez pas, comme les vierges sages, à veiller et à persévérer. Au clergé âgé, nous voudrions recommander : ne décevez pas le jeune prêtre. Sans doute les désillusions sont inévitables, qu'elles résultent soit des conditions humaines générales, soit de motifs locaux particuliers ; mais elles ne doivent pas être la conséquence de ce que des prêtres plus âgés, peut-être découragés par les déceptions de la vie réelle, engourdissent les vives énergies du jeune clergé. Où l'expérience mûrie n'exige pas un non résolu, laissez-lui faire des projets, laissez-le essayer, et si tout ne réussit pas, réconfortez-le et encouragez-le à de nouvelles entreprises.

Méditation

Chaque fois que nous lisons l'Évangile, nous constatons que Jésus a toujours confié une charge à une personne, jamais à une institution. C'est sur la personne de l'évêque que se fonde l'Église et non pas sur la conférence épiscopale ou les bureaux diocésains. Il n'y a rien de plus grotesque que de penser que le Christ aurait voulu créer des commissions ! Il convient d'apprendre aux séminaristes à assumer pleinement leur responsabilité. Ils doivent redécouvrir une vérité catholique : dans l'Église, tout est personnel, rien ne doit être anonyme. Pourtant, c'est bien derrière des structures anonymes, telles que les conférences épiscopales, les commissions ou même les chemins synodaux que se cachent aujourd'hui tant d'évêques et de prêtres. Toutes ces commissions, ces sous-commissions, ces groupes et ces bureaux en tout genre sont parfois utiles, mais ils ne doivent pas étouffer et anéantir la responsabilité personnelle de l'évêque et le faire disparaître derrière des structures qui orientent et décident en son nom. On se plaint que nous manquons de prêtres, et c'est vrai, alors que des milliers d'ecclésiastiques sont préposés à la bureaucratie cléricale qui risque de tuer l'élan missionnaire de l'Église. À quoi servent tous ces documents savants, ces papiers que personne ne lit et qui n'ont d'ailleurs aucune importance pour le peuple chrétien et pour l'Église vivante ? La foi est bien plus simple que tout cela. Jésus veut des personnes réelles, libres, pleinement responsables de leurs actes et autonomes, des instruments dociles entre ses mains et non des structures ou des machines. De fait, comme le rappelle Pie XII : « Dépositaire et dispensateur des moyens de salut, le prêtre ne peut en disposer de son propre arbitre, parce qu'il en est le "ministre", mais il maintient aussi pareillement intactes l'autonomie de sa personne, la liberté et la responsabilité de ses actes. Il est par conséquent un instrument conscient du Christ, qui, à la manière d'un sculpteur de génie, se sert de lui comme du ciseau pour modeler dans les âmes l'image divine. » C'est pourquoi Pie XII insiste sur le rôle des séminaires : « Le but des séminaires est précisément de former et de guider les jeunes clercs pour qu'ils deviennent des instruments parfaits, efficaces et dociles », des hommes qui se nourrissent et vivent de prière, constamment prosternés devant le tabernacle, des personnes parfaitement conscientes du don inouï qu'est de prendre part au sacerdoce du Christ.

Le pouvoir sacré d'agir *in persona Christi* dans l'Église, autrement dit, comme le Christ Tête de l'Église en personne, a toujours eu un caractère personnel. C'est l'effet propre du sacrement de l'Ordre de modifier substantiellement l'organisme surnaturel de l'ordinand, de telle sorte qu'en agissant de son propre mouvement il devienne la cause instrumentale de l'action sacerdotale du Christ. Comme instrument vivant du Christ, le prêtre rassemble dans la communion de l'Église ceux que Jésus a sauvés pour l'éternité par son unique sacrifice. Il le fait en prêtant volontairement pour toujours et chaque jour, sa propre personne à Jésus l'unique Grand Prêtre.

Être un autre Christ ou le Christ lui-même, auprès de chaque personne humaine, cela s'appelle être un « apôtre ». Être apôtre, c'est tendre à se configurer, à ressembler au Christ. Et ressembler au Christ, c'est tendre à la perfection. Autrement dit, c'est travailler à acquérir les qualités nécessaires à l'exercice du ministère sacerdotal. On peut dire que cette exigence est aussi celle du peuple chrétien. Car celui-ci veut reconnaître dans son pasteur non seulement un homme qui se distingue par ses dons et ses vertus, y compris naturels, mais aussi une personne prudente et équilibrée dans ses jugements, sûre et calme dans ses actions, impartiale et ordonnée, généreuse et prête à pardonner, amie de la concorde et de la paix et ennemie de l'oisiveté. Pour le prêtre, même les vertus dites « naturelles » sont des exigences de l'apostolat, car sans elles, il offenserait ou repousserait les autres sans respect ni considération.

Jean-Paul II, dans son exhortation apostolique post-synodale *Pastores dabo vobis* fait écho au Pape Pie XII, lorsqu'il insiste sur la formation humaine et philosophique comme fondement de toute la formation sacerdotale. Il met l'accent sur la formation spirituelle, en communion avec Dieu et à la recherche du Christ. Il s'arrête longuement sur la formation intellectuelle et théologique à l'intelligence de la foi et sur la formation pastorale pour vivre et transmettre la charité de Jésus-Christ, Bon Pasteur[1].

À cette perfection déjà acquise, autant qu'il est possible de le faire, il faut ajouter les perfections propres à l'état sacerdotal, à savoir la sainteté. Dans son discours, Pie XII insiste sur la nécessité de la sainteté pour un prêtre. Il doit être conscient que Dieu l'appelle constamment à la sainteté, parce qu'il est la présence même, le prolongement de Jésus-Christ sur terre.

---

1. Cf. Jean-Paul II, exhortation post-synodale *Pastores dabo vobis*, 25 mars 1992, n° 42-59.

XIV

Fils de l'Église

À partir d'une méditation de saint Augustin

Introduction

Saint Grégoire le Grand estimait qu'au temps du Christ l'Église était dans l'enfance et n'exerçait donc pas encore sa fonction maternelle. Elle était alors toute petite, à peine naissante et ne pouvait pas prêcher la Parole de Vie. Mais après avoir reçu l'Esprit-Saint, elle est devenue une mère féconde, et c'est alors que le salut s'est propagé dans le monde entier grâce au ministère des prédicateurs et des pasteurs. L'Église est dite « adulte » lorsque unie au Verbe de Dieu, remplie du Saint-Esprit, elle s'enrichit par les fils qu'elle conçoit et engendre. Elle les met au monde en les convertissant et en faisant d'eux de vrais croyants, de vrais disciples de Jésus-Christ. Et un fils véritable de l'Église, dit Benoît XVI, n'attache pas une trop grande importance à la lutte pour la réorganisation des formes extérieures de cette Église : « Ils [les vrais croyants] vivent de ce qu'est l'Église depuis toujours. Et si l'on veut savoir ce qu'est l'Église véritablement, c'est auprès d'eux qu'il faut aller. Car l'Église ne se trouve pas d'abord là où l'on organise, la réforme, la dirige, mais en ceux qui croient simplement et qui, en elle, accueillent le don de la foi et en vivent. Seul celui qui a expérimenté comment, par-delà le changement de ses serviteurs et de ses formes, l'Église réconforte les hommes, leur donne une patrie et une espérance – une patrie qui est espérance –, et un chemin vers la vie éternelle, celui-là seul sait ce qu'est l'Église autrefois et aujourd'hui[1]. »

Comme je l'avais déjà exprimé dans un ouvrage précédent : « Il est urgent de retrouver un regard de foi sur toute chose. En réformant les institutions à tour de bras, on entretient l'illusion que l'important est ce que nous faisons, notre action humaine, que nous regardons comme seule efficace. Ce type de réforme ne fait donc que déplacer le problème. Je crois qu'il est essentiel et urgent de discerner la vraie nature de la crise [que nous traversons en ce moment] et de prendre conscience que le mal ne se trouve pas seulement dans des institutions ecclésiales. Les modifications mineures apportées à l'organisation de la curie et de différents dicastères ne pourront assainir les mentalités, les sentiments et les mœurs. Qu'est-ce qu'une "réforme" au sens le plus profond du terme ? Il s'agit d'une reformation. Un retour à la forme pure, celle qui sort des mains de Dieu. La vraie réforme de l'Église consiste à se laisser de nouveau modeler par

1. Benoît XVI, *Foi chrétienne, hier et aujourd'hui*, traduit de l'allemand par E. Ginder et P. Schouver, éditions du Cerf, 1996.

Dieu. "'Réforme' vraie ne signifie donc pas tant s'évertuer à ériger de nouvelles façades, que (contrairement à ce que pensent certains ecclésiologues) s'appliquer à faire disparaître, dans la plus grande mesure possible, ce qui est de nous, en sorte qu'apparaisse mieux ce qui est de Lui, le Christ. C'est une vérité qu'ont bien connue les saints : ceux-ci, en effet, réformèrent en profondeur l'Église, non en proposant des plans pour de nouvelles structures, mais en se réformant eux-mêmes. C'est de sainteté et non pas de management qu'a besoin l'Église pour répondre à chaque époque aux besoins de l'homme", affirmait le cardinal Joseph Ratzinger dans les *Entretiens sur la foi*[1]. »

Saint Augustin, Lettre 208

Je ne doute pas qu'avec une foi comme la vôtre et à la vue des faiblesses ou des iniquités d'autrui, votre âme ne soit troublée, puisque le saint Apôtre, si rempli de charité, nous avoue que nul n'est faible sans qu'il s'affaiblisse avec lui, et que nul n'est scandalisé sans qu'il brûle. J'en suis touché moi-même, et dans ma sollicitude pour votre salut, qui est dans le Christ, je crois devoir écrire à Votre Sainteté une lettre de consolation ou d'exhortation. Car vous êtes maintenant étroitement unie à nous dans le corps de Notre-Seigneur Jésus-Christ, qui est son Église et l'unité de ses membres ; vous êtes aimée comme un digne membre de son corps divin, et vous vivez avec nous de son saint Esprit.

---

1. Cardinal Robert Sarah et Nicolas Diat, *Le soir approche et déjà le jour baisse*, Paris, Fayard, 2019, p.135-136.

C'est pourquoi je vous exhorte à ne pas trop vous laisser troubler par ces scandales ; ils ont été prédits afin que, lorsqu'ils arrivent, nous nous souvenions qu'ils ont été annoncés, et que nous n'en soyons pas très émus. Le Seigneur lui-même les a ainsi annoncés dans l'Évangile : « Malheur au monde à cause des scandales ! il faut qu'il en arrive ; mais malheur à l'homme par lequel arrive le scandale ! » Et quels sont ces hommes, sinon ceux dont l'Apôtre a dit qu'ils cherchent leurs propres intérêts et non pas les intérêts de Jésus-Christ. Il y a donc des pasteurs qui occupent les sièges des Églises pour le bien des troupeaux du Christ ; et il y en a qui ne songent qu'à jouir des honneurs et des avantages temporels. Il est nécessaire que dans le mouvement des générations humaines ces deux sortes de pasteurs se succèdent, même dans l'Église catholique, jusqu'à la fin des temps et jusqu'au jugement du Seigneur. Au temps des Apôtres, s'il y en eut de semblables, s'il y eut alors de faux frères que l'Apôtre en gémissant signalait comme dangereux et qu'il supportait avec patience au lieu de s'en séparer avec orgueil ; combien plus il faut qu'il y en ait au temps où nous sommes, puisque le Seigneur a dit clairement de ce siècle, qui approche de la fin du monde : « Parce que l'iniquité abondera, la charité de plusieurs se refroidira. » Mais les paroles qui viennent à la suite doivent être pour nous une consolation et un encouragement : « Celui qui persévérera jusqu'à la fin sera sauvé. »

De même qu'il y a de bons et de mauvais pasteurs, de même, dans les troupeaux, il y a les bons et les mauvais. Les bons sont appelés du nom de brebis, les mauvais du nom de boucs ; ils paissent ensemble, jusqu'à ce que vienne le Prince des pasteurs, que l'Évangile nomme « le seul Pasteur » ; et jusqu'à ce que, selon sa promesse, il sépare les brebis des boucs. Il nous a ordonné de réunir ; il s'est réservé de séparer : car celui-là seul doit séparer, qui ne peut se tromper. Les serviteurs orgueilleux qui ont osé faire si aisément la séparation que le Seigneur s'est réservée, se sont séparés eux-mêmes de l'unité catholique, impurs par le schisme, comment auraient-ils pu avoir un troupeau pur ?

C'est notre Pasteur lui-même qui veut que nous demeurions dans l'unité, et que, blessés par les scandales de ceux qui sont la paille, nous n'abandonnions point l'aire du Seigneur ; il veut que nous y persévérions comme le froment jusqu'à la venue du divin Vanneur, et que nous supportions, à force de charité, la paille brisée. Notre Pasteur lui-même nous avertit dans l'Évangile de ne pas mettre notre espérance même dans les bons pasteurs à cause de leurs bonnes œuvres, mais de glorifier Celui qui les a faits tels, le Père qui est dans les cieux, et de le glorifier aussi touchant les mauvais pasteurs, qu'il a voulu désigner sous le nom de scribes et de pharisiens, enseignant le bien et faisant le mal.

Jésus-Christ parle ainsi des bons pasteurs : « Vous êtes la lumière du monde. Une ville située sur une montagne ne peut pas être cachée, on n'allume pas une lampe pour la placer sous le boisseau, mais sur un chandelier, afin qu'elle éclaire tous ceux qui sont dans la maison. Que votre lumière luise ainsi devant les hommes, afin qu'ils voient vos bonnes œuvres, et qu'ils glorifient votre Père qui est dans les cieux. » Mais avertissant les brebis au sujet des mauvais pasteurs, il disait : « Ils sont assis sur la chaire de Moïse. Faites ce qu'ils vous disent ; ne faites pas ce qu'ils font ; car ils disent et ne font pas. » Ainsi prévenues, les brebis du Christ entendent sa voix, même par les docteurs mauvais, et n'abandonnent pas son unité. Ce qu'elles leur entendent dire de bon ne vient pas d'eux, mais de lui ; et ces brebis paissent en sûreté, parce que, même sous de mauvais pasteurs, elles se nourrissent dans les pâturages du Seigneur. Mais elles n'imitent pas les mauvais pasteurs dans ce qu'ils font de mal, parce que de telles œuvres ne viennent que d'eux-mêmes et non pas du Christ. Quant aux bons pasteurs, elles écoutent leurs salutaires instructions et imitent leurs bons exemples. L'Apôtre était de ce nombre, lui qui disait : « Soyez mes imitateurs comme je le suis du Christ. » Celui-là était un flambeau allumé par la Lumière éternelle, par le Seigneur Jésus-Christ lui-même, et il était placé sur le chandelier parce qu'il se glorifiait dans la croix : « À Dieu ne plaise, disait-il, que je me glorifie en autre chose qu'en la croix de Notre-Seigneur Jésus-Christ ! » Il cherchait non point ses intérêts, mais ceux de son Maître, lorsqu'il exhortait à l'imitation de sa propre vie ceux qu'il avait engendrés par l'Évangile. Toutefois il reprend sévèrement ceux qui faisaient des schismes avec les noms des Apôtres, et blâme ceux qui disaient : « Moi, je suis à Paul. » Il leur répond : « Est-ce que Paul a été crucifié pour vous ? Ou êtes-vous baptisés au nom de Paul ? »

Nous comprenons ici que les bons pasteurs ne cherchent pas leurs propres intérêts, mais les intérêts de Jésus-Christ, et que les bonnes brebis, tout en suivant les saints exemples des bons pasteurs qui les ont réunies, ne mettent pas en eux leur espérance, mais plutôt dans le Seigneur qui les a rachetées de son sang, afin que, lorsqu'il leur arrive de tomber sous la houlette de mauvais pasteurs, prêchant la doctrine qui vient du Christ et faisant le mal qui vient d'eux-mêmes, elles fassent ce qu'ils disent et non pas ce qu'ils font, et qu'elles n'abandonnent pas les pâturages de l'unité à cause des enfants d'iniquité. Les bons et les mauvais se mêlent dans l'Église catholique, qui n'est pas seulement répandue en Afrique comme le parti de Donat, mais qui, selon tes divines promesses, se propage et se répand au milieu de toutes les nations, « fructifiant et croissant dans le monde entier ». Ceux qui en sont séparés, tant qu'ils demeurent ses ennemis, ne peuvent pas être bons ; lors même que quelques-uns d'entre eux sembleraient bons par de louables habitudes de leur vie, ils cesseraient de l'être par la seule séparation : « Celui qui n'est pas avec moi, dit le Seigneur, est contre moi ; et celui qui n'amasse pas avec moi, dissipe. »

Je vous exhorte donc, honorable dame et chère fille en Jésus-Christ, à conserver fidèlement ce que vous tenez du Seigneur ; aimez-le de tout cœur lui et son Église ; c'est lui qui a permis que vous ne perdissiez pas avec les mauvais le fruit de votre virginité, et que vous ne périssiez pas. Si vous sortiez de ce monde, séparée de l'unité du corps du Christ, il ne vous servirait de rien d'être restée chaste comme vous l'êtes. Dieu, qui est riche dans sa miséricorde, a fait en votre faveur ce qui est écrit dans l'Évangile ; les invités au festin du Père de famille, s'étant excusés de ne pouvoir y venir, le maître dit à ses serviteurs : « Allez le long des chemins et des haies, et forcez d'entrer tous ceux que vous trouverez. » Vous donc, quoique vous deviez sincèrement aimer ses bons serviteurs par le ministère desquels vous avez été forcée d'entrer, vous ne devez cependant mettre votre espérance qu'en Celui qui a préparé le festin : vous avez été sollicitée de vous y rendre pour la vie éternelle et bienheureuse. En recommandant à ce divin Père de famille votre cœur, votre dessein, votre sainte virginité, votre foi, votre espérance et votre charité, vous ne serez point troublée des scandales qui arriveront jusqu'à la fin ; mais vous serez sauvée par la force inébranlable de votre piété, et vous serez couverte de gloire dans le Seigneur, en persévérant jusqu'à la fin dans son unité. Apprenez-moi, par une réponse, comment vous aurez reçu ma sollicitude pour vous, que j'ai voulu vous témoigner de mon mieux dans cette lettre. Que la grâce et la miséricorde de Dieu vous protègent toujours[1] *!*

Méditation

L'Église engendre des hommes et des femmes de foi, de vrais croyants et des saints. Elle met au monde de vrais témoins du Christ qui vont jusqu'à mourir pour Lui et à cause de l'Évangile. Elle engendre des fils et des filles de Dieu. Saint Augustin avait déjà magnifiquement évoqué ce mystère de la *Mater Ecclesia* dans une lettre : « L'Église, notre Mère, est aussi la mère de ta mère. C'est elle qui vous a conçus du Christ ; elle qui vous a enfantés avec le sang des martyrs, elle qui vous a mis au monde pour la lumière éternelle, elle qui vous a nourris et vous nourrit encore du lait de la foi, et qui, vous préparant des mets

---

1. Saint Augustin, *Lettres de saint Augustin*, traduit du latin par M. Poujoulat, Paris, 1858.

plus substantiels, voit avec horreur que vous voulez continuer à vagir comme les tout-petits qui n'ont pas encore de dents. Cette mère, répandue sur toute la terre, est agitée par l'attaque d'erreurs si multiples et si diverses que même ses enfants avortons n'hésitent pas à lutter contre elle avec des armes déchaînées. Par la mollesse et l'inertie de quelques-uns de ceux qu'elle renferme dans son sein, elle souffre de ce que ses membres se refroidissent en bien des endroits et de ce qu'elle devient moins capable de tenir au chaud les petits. De qui, sinon de ses autres enfants, de qui sinon de ses autres membres, au nombre desquels tu es, réclame-t-elle le juste secours qui lui est dû ? Toi, la délaissant dans le besoin, te tourneras-tu vers les paroles charnelles ? Ne frappe-t-elle pas tes oreilles de plaintes plus fortes ? Ne te montre-t-elle pas des entrailles plus précieuses et de célestes mamelles ? »

Déjà au IVe siècle, au temps de saint Augustin, jusqu'au VIe siècle, au milieu des désordres et de la confusion provoqués en Occident par toutes sortes d'événements dramatiques, les évêques se trouvent peu à peu investis d'une autorité politique, et ces nouvelles responsabilités les détournent souvent du ministère pastoral et de leur vocation spécifiquement spirituelle. Aujourd'hui aussi, nombre d'évêques et de prêtres investissent trop de leurs énergies et de leur temps dans des questions politiques, socio-économiques ou écologiques. Le manque de culture théologique et exégétique solide, la médiocrité spirituelle, la peur des médias et le désir d'être approuvés par la société moderne expliquent aussi que certains pasteurs aient souvent négligé l'enseignement de la foi ; d'où la nécessité et l'urgence, aujourd'hui, de leur rappeler avec insistance leur devoir primordial d'être des messagers de la Parole de Dieu et d'apprendre à remplir ce devoir avec hardiesse, zèle et compétence. Nous mesurons aujourd'hui la force de cette célèbre et énergique homélie que Grégoire le Grand adressa à une assemblée d'évêques convoquée au Latran et qui est comme une invitation à un véritable examen de conscience pastoral. « C'est le Christ Lui-même qui envoie les pasteurs que nous sommes, en mission en avant de Lui, selon les termes mêmes de l'Évangile de saint Luc : "Après cela le Seigneur désigna soixante-douze autres et les envoya deux par deux en avant de Lui dans toute ville et tout endroit où Lui-même devait aller" (Lc 10, 1-3)[1]. » Les pasteurs doivent donc préparer les chemins du Seigneur.

Saint Grégoire le Grand déplore le silence et l'inertie de tant de pasteurs de son époque. Mais ce qu'il écrivait au VIe siècle est d'une actualité effrayante. Ses mots résonnent encore aujourd'hui avec vigueur : « Écoutons maintenant ce que le Seigneur dit aux prédicateurs qu'il envoie : la moisson est abondante, mais les ouvriers sont peu nombreux. Priez donc le maître de la moisson. Les ouvriers sont peu nombreux pour une moisson abondante ; nous ne pouvons pas le répéter sans une grande tristesse. Il y a des gens pour entendre de bonnes choses, il n'y en pas pour les dire.

1. Saint Grégoire le Grand, *Homélies sur l'Évangile*, dans *La Liturgie des Heures*, t. 4, Cerf-Desclée de Brouwer-Mame, 1980.

Le monde est rempli de prêtres, mais on rencontre rarement un ouvrier dans la moisson de Dieu ; nous acceptons bien la fonction sacerdotale, mais nous ne faisons pas le travail de cette fonction[1]. » Que dirait-il aujourd'hui avec 400 000 prêtres présents dans le monde ? Ne devons-nous pas reprendre ses mots : « Le monde est rempli de prêtres mais on trouve bien peu d'ouvriers de la moisson du Seigneur ! » « Tantôt ce sont les pasteurs qui ne sont pas dignes d'être écoutés, à cause de leurs péchés et du scandale de leur vie, tantôt ce sont les fidèles qui ne méritent pas d'entendre la Parole de Vérité. Pire encore : il en est beaucoup qui, dès qu'ils assument le pouvoir de régir, brûlent du désir de déchirer leurs sujets, d'inspirer la terreur de leur autorité, de créer une ambiance de peur et de suspicion, d'humilier et de nuire à ceux à qui ils devraient être utiles. Et parce qu'ils n'ont pas de charité dans les entrailles, ils s'emplissent la bouche de paroles de miséricorde, ils veulent faire figure de soigneurs et oublient totalement qu'ils sont pères[2]. »

Face à ce peuple agonisant, nous pasteurs, nous devons nous souvenir que nous sommes les responsables de sa mort spirituelle. Il est dit aux pasteurs envoyés en mission : « Vous êtes le sel de la terre. [...] Vous êtes la lumière du monde » (Mt 5, 13-14). Si donc le peuple est la nourriture de Dieu, les prêtres auraient dû être le condiment de cette nourriture. Hélas, le sel est devenu insipide, sans saveur. Saint

1. *Ibid.*
2. *Ibid.*

Grégoire le Grand ne renonce pas pour autant à réveiller le zèle missionnaire des pasteurs. Il nous interroge sans concession : « Réfléchissons : quels sont ceux qu'un jour nos paroles ont convertis, que nos réprimandes ont fait renoncer à leurs mauvaises actions et qui ont fait pénitence ? Quel est celui qui a abandonné la débauche grâce à nos instructions ? Quel est celui qui a quitté le chemin de l'avarice, de l'orgueil, de l'idolâtrie des richesses naturelles ? »

Conclusion
La joie d'être prêtre

Durant ces méditations, j'ai voulu laisser la parole aux saints, aux Papes, en un mot à l'Église. Permettez-moi pour finir un mot plus personnel. Je voudrais vous faire une confidence. Tous les jours, chaque matin et chaque soir, je suis émerveillé de la grâce que Dieu m'a faite en m'appelant à être prêtre. Tous les jours, je suis surpris : comment le Christ-Jésus a-t-il pu se pencher sur ma misère ? Pourquoi m'a-t-il choisi comme son prêtre, moi le petit enfant d'Ourous ? Pourquoi est-il venu me chercher dans mon tout petit village de Guinée ? Pourquoi moi, ignorant et indigne ? Tous les jours, je mesure le don gratuit et immérité dont il m'a comblé. Cette prise de conscience quotidienne est une source permanente de paix et de joie. Oui, tous les jours, je peux célébrer le Saint Sacrifice de la Messe, tous les jours, je monte au Calvaire avec le Christ. Tous les jours je meurs avec Lui sur la croix. Tous les jours, je prie avec Lui, j'intercède pour le monde entier en chantant les Heures du bréviaire. La Liturgie des Heures est un trésor inouï, car elle fait nous tenir constamment, avec toute l'Église, devant Dieu pour Le louer et Le servir. L'oraison, la prière, l'adoration quotidiennes devant le Très Saint Sacrement, constituent le cœur de la vie et l'activité principale du prêtre.

Est-ce un poids trop lourd pour nos pauvres épaules humaines ? Bien entendu. Mais quand Jésus nous charge de sa croix, il la porte avec nous. Je voudrais rappeler un souvenir marquant de ma vie de prêtre. En février 1992, saint Jean-Paul II est venu pour un voyage apostolique en Guinée qui fut un triomphe populaire. Le 25 février 1992, le saint pape a ordonné trois prêtres lors d'une messe célébrée au grand stade de la capitale. Dans son homélie, il avait eu des paroles fortes qui résonnent encore dans mon âme : « La coupe à laquelle a bu le Christ, c'était son sacrifice sanglant au Golgotha. Par ce sacrifice, le Christ-Serviteur a accompli la rédemption du monde. Ainsi se sont totalement réalisées les paroles adressées par le Christ à ses disciples : le Fils de l'homme "n'est pas venu pour être servi, mais pour servir et donner sa vie en rançon pour la multitude". Le prêtre qui célèbre le sacrifice du Corps et du Sang du Christ doit entrer dans le même esprit de service : "Il sera esclave, de même que le Fils de l'homme." Le sacerdoce que vous recevez, chers Fils, est le sacrement du service : servez Dieu en servant le Peuple de Dieu, vos frères et sœurs parmi lesquels vous avez été appelés.

« En répondant joyeusement à cet appel, vous prenez un bel engagement : librement et sans réserve, vous offrez votre personne au Seigneur pour son Église. Vous renoncez à fonder une famille et vous vous consacrez entièrement, pour une pleine et pure disponibilité. Vous promettez une humble obéissance à l'évêque qui vous appelle à l'ordre sacré, et, à travers lui, c'est à l'Église et au Christ que vous vous soumettez pour prendre votre part de la mission commune avec tout le presbyterium. Vous vous engagez à participer fidèlement à la prière de l'Église, pour que votre ministère soit inspiré et rendu fécond par votre intimité avec le Seigneur.

« Ce ministère vous unit d'une manière particulière au Christ, unique Prêtre de la Nouvelle Alliance, Prêtre éternel. L'imposition des mains vous consacre tout entiers par le don de l'Esprit Saint ; par l'onction de vos mains, il vous est donné d'offrir à Dieu le sacrifice eucharistique, au nom du Christ (*in persona Christi*). Toute la mission du prêtre a pour centre le sacrifice eucharistique. En participant, jour après jour, à l'offrande suprême du Sauveur, il offre avec lui l'humanité entière au Père qui l'aime. Prêtres, vous qui avez la charge d'agir au nom du Christ, restez pénétrés de son amour et porteurs de ses dons dans vos rencontres et vos activités multiples. À l'exemple du Seigneur, soyez proches des plus humbles, écoutez et soulagez les souffrances, partagez les joies de vos frères et sœurs. Ainsi, vous serez dans le monde les témoins du Verbe de Vie.

« En célébrant le Sacrifice du Christ, vous entrerez dans sa sollicitude pour le salut des âmes qui vous seront confiées, la sollicitude du Bon Pasteur. C'est pourquoi l'apôtre Paul vous parle à travers les paroles qu'il adressait à son disciple Timothée : "Devant Dieu et devant le Christ [...] je te le demande solennellement [...] : proclame la Parole, interviens à temps et à contretemps, dénonce le mal, fais des reproches, encourage, mais avec une grande patience et avec le souci d'instruire." Ne te décourage pas quand les hommes "refuseront d'entendre la vérité". Ne te décourage pas... "Garde ton bon sens, supporte la souffrance, travaille à l'annonce de l'Évangile, accomplis jusqu'au bout ton ministère." »

Le soir de cette journée, après une rencontre avec les jeunes Guinéens, le pape a couronné la statue de la Sainte Vierge qui se trouve dans la reproduction de la grotte de Lourdes des jardins de l'archevêché. Je le revois encore, agenouillé devant la Mère de Dieu qu'il aimait tant. Il est resté longuement en silence, comme enfoui dans une prière profonde et intense. Tous les assistants ont été frappés par l'intensité de ce moment silencieux et solennel. Il semblait vouloir nous introduire et nous initier à une profonde et filiale dévotion à Marie, la Mère de Jésus et la Mère du Sacerdoce. Jean-Paul II voulait nous enseigner que « tout nous vient par Marie, comme le dit saint Bernard : "Voyons, mes frères, avec quels sentiments de dévotion Dieu a voulu que nous honorions Marie, lui qui a mis en elle la plénitude de tout bien. S'il est en nous quelque espérance, quelque grâce, quelque gage de salut, reconnaissons que tout cela déborde sur nous de Celle qui est comblée de délices et de grâces… Ôtez ce soleil qui éclaire le monde, c'en est fait du jour. Enlevez Marie, cette étoile de la mer, de notre grande et vaste mer, que reste-t-il, sinon une profonde obscurité, une ombre de mort et d'épaisses ténèbres ? C'est donc du plus intime de nos cœurs, du fond même de nos entrailles et de tous nos vœux que nous devons honorer la Vierge Marie ; car c'est la volonté de Celui qui a voulu que nous ayons tout par Elle[1]."

Fort de cette doctrine, nous n'hésitons pas à formuler que l'Apôtre, quoi qu'il fasse pour la fécondité de son Apostolat, risque de ne bâtir que sur le sable, si son activité ne repose pas sur une très spéciale dévotion à Notre Dame[2] ».

Voilà l'enseignement qu'a voulu laisser le Pape Jean-Paul II aux laïcs et aux prêtres de Guinée et du monde entier. Quand il s'est relevé, il s'est approché lentement de moi et a déposé sur mes épaules l'étole qu'il portait. J'étais bouleversé et ne comprenais pas le sens de son geste. Il m'a fallu du temps pour l'interpréter. En fait, à travers la personne du pape, c'était comme si le Christ me redisait les paroles de mon ordination. À nouveau le Christ, par son Église, me revêtait de l'étole. Jésus me disait : « Va, sois le pasteur de mes brebis, aime-les, conduis-les, enseigne-les et surtout

1. Saint Bernard, *Serm, in Nativ.* B.M.V., alias *De Aquaeductus.*
2. Dom Jean-Baptiste Chautard, *L'âme de tout Apostolat*, éditions, Artège, 2010, p. 330-331.

nourris-les de mon corps et de mon sang. » Et en même temps, c'est comme s'il me disait : « Porte le fardeau sur tes épaules, si tu demeures avec moi il sera doux et léger. Prends ma croix sur tes épaules. Viens avec moi pour sauver les âmes ! ». Chers frères prêtres, voilà ce que Jésus vous a dit le jour où vous avez reçu l'étole sur vos épaules. Voilà ce qu'il vous redit chaque fois que vous la revêtez pour célébrer la messe ou un sacrement. L'étole est notre joie parce qu'elle est le signe de notre appel. Ce jour-là, Jean Paul II me disait par ce geste « Ne te décourage pas ». Il nous le dit à tous, chers amis : « Ne te décourage pas, même si les hommes semblent ne plus vouloir ni écouter ni entendre la Parole de Vérité. Ne te décourage pas. Continue à marcher, à porter la croix avec le Christ. Ne te décourage pas. Garde au fond de ton âme la joie d'être un humble et fidèle serviteur du Rédempteur. Ne te décourage pas ! »

Bien entendu, les souffrances et les tristesses ne manquent pas dans une vie de prêtre. Le souci de toutes les Églises nous pèse parfois (2 Co 11, 28). Mais rien ne saurait venir à bout de notre joie profonde. Rien ne saurait nous séparer du Christ-prêtre. Le prêtre est parfois un homme épuisé, accablé, abandonné comme Jésus au Golgotha, il n'est jamais désespéré. Car nous savons que nous ne comptons pas uniquement sur nos propres forces. Elles peuvent venir à manquer. Le Christ, lui, sera toujours fidèle. Il sera toujours avec nous. Il donnera toujours des prêtres à son Église. Il demeurera toujours la joie, l'unique joie de ses prêtres. L'Église ressemble certains jours à un bateau au bord du naufrage, mais nous savons que le Christ y est présent même s'il semble dormir. De même, dans notre cœur de prêtre, même s'il semble se taire, le Christ notre joie reste toujours présent et il y demeurera *pour l'éternité*.

Table

Composition et mise en pages
Nord Compo à Villeneuve-d'Ascq

Cet ouvrage a été imprimé en France par
CPI Brodard & Taupin
Avenue Rhin et Danube
72200 La Flèche (France)

pour le compte des Éditions Fayard
en octobre 2021

PAPIER À BASE DE FIBRES CERTIFIÉES

Fayard s'engage pour l'environnement en réduisant l'empreinte carbone de ses livres. Celle de cet exemplaire est de :
1,1 kg éq. CO_2
Rendez-vous sur www.fayard-durable.fr

N° d'édition : 25-0507-0/01 - N° d'impression : 3045373